幸せな事業承継はM&Aで

プロが教える成功のための実践テクニック77

三菱UFJリサーチ&コンサルティング
チーフコンサルタント
木俣貴光

Happy Mergers & Acquisitions

アーク出版

はじめに

「株を51％以上譲るということは、会社を売るということです。それならお断りです」――。

これは、ある上場企業からの依頼で、関東にある中小企業のオーナー社長に買収の提案をした際の回答です。

その会社の年商は約10億円。規模は小さいながらも、ハイテク関連の分野でそれなりの技術力を持っている会社です。オーナーの年齢は76歳。いまだ現役社長として経営の最前線に立っています。見た目も活力があり、60代前半といわれても信じてしまうくらい〝若々しい〟感じです。そして後継者には、50歳になる長男（専務）がいました。

後継者がいるにもかかわらず、私どもが買収の提案を持ちかけたのは、その企業は将来的に単独での生き残りは困難だろうと見たからです。その企業が業績を維持・拡大していくためには多額の設備投資が必要だと思われました。しかし、その企業は収益性が低く財務体質も悪いことから、そうした投資に耐えられそうになかったのです。

「経営陣は現状のままで結構です。従業員の雇用も守ります。御社の企業風土や独立性も極力維持するよう配慮します。要は、御社の技術力と（買収を持ちかけている）上場企業の技術力および資金力を融合して、新たな商品開発を行い、付加価値のあるビジネスを展開していくことが目的なんです。

ただし、真のパートナーとしてお互いの技術を開示しシナジー効果を十分に発揮していくには、単なる業務提携ではなく資本提携が不可欠です。できれば51％以上の株式を保有させていただくことを前提に、話し合いを始めませんか？」

経済合理性からすれば、提案は十分に魅力的なものだと私どもは考えていました。

たしかに、オーナー家は会社の支配権を失うことになりますが、経営者としては残るうえ、新たな資金力を背景に事業を拡大する機会を得ることができるのです。

実際、この提案をしたとき、

「これは今後の成長に向けた大きなチャンスかもしれない」

と専務の反応は上々でした。以前も専務は個人的にＭ＆Ａの必要性を検討したことがあったそうです。それだけに、このときのＭ＆Ａ提案を心底喜んでいる様子でした。

一方の社長も、

「声をかけていただいたことは大変光栄なことだと思っています」

とまんざらでもない様子でした。

面談から一週間後、私は期待をして社長に電話をしました。しかし、社長の最終的な回答は、冒頭のとおり、ＮＯ（ノー）でした。

なぜ、この社長は私どもの提案を拒否したのか、本当のところはわかりません。

ただ、Ｍ＆Ａに対してネガティブな印象があったことは確かなようでした。創業オーナーとして、独立性が失われることに対して懸念を抱いたものと思われます。

後継者である専務はＭ＆Ａを前向きに捉えて成長への機会を感じ取ったにもかかわらず、まもなく喜寿を迎えようとするオーナーはＭ＆Ａに反対し、成長の機会を逃してしまったのです。

オーナーの最終回答を聞いたとき、私は残念でなりませんでした。

中小企業の経営者にＭ＆Ａに対する偏見や誤解、不安をできるだけ取り除いてもらうべく、Ｍ＆Ａに対する啓蒙活動が必要だと、このとき痛感いたしました。本書の背景には、こうした想いがこめられています。そのため本書には、事業承継対策としてＭ＆Ａを考える経営者が疑問や不安に思うことを、できるだけわかりやすく、かつ具体的に盛り込んだつもりです。

本書が、後継者問題に悩む中小企業の経営者にとって、Ｍ＆Ａを前向きに捉える一助になれば幸いです。そして、１社でも多くの中小企業がＭ＆Ａによって成長への機会を手にされることを願ってやみません。

２００８年７月

木俣　貴光

幸せな事業承継はM&Aで

●もくじ●

1–5 売れる会社と売れない会社の違いは？……38
◎売り手市場とはいえ、強みを持たなければ買ってもらえない
1–6 下請企業でも買い手がつくのか？……40
◎100％下請けであっても高く売れる会社もある
1–7 買われやすい業種、買われにくい業種とは？……42
◎こんな人気業種なら買い手も魅力を感じる
1–8 経営者は売ることをいつ決断すべきか？……44
◎気力と体力が充実しているうちに方向性を定めたい
1–9 買い手の視点 小さな会社のリスクはこうして見極める……46
◎中小企業では「人」こそがリスクを左右する

2章◆中小企業のM&Aでは人の感情に配慮する

2–1 M&Aは結婚にたとえられる……48
◎プロセスは似ているが、「駆け落ち」はできない
2–2 中小企業ではどんな手法がとられるのか？……50
◎もっとも利用されるのは株式譲渡
2–3 中小企業のM&Aはどのような手順で進むのか？……54
◎決断してからフォローまで9つのステップを経て進む
2–4 人の感情がM&Aを左右する……60
◎売り手の関係者を3タイプに分け、開示のタイミングを計る
2–5 まず誰に相談したらよいか？……62
◎利害関係のない立場の専門家がベスト
2–6 どうやって株主から賛成を得るか？……64
◎タイミングを計りながら戸別訪問してお願いする
2–7 会社を売ることを役員にどう説明するか？……66
◎「健康上の理由」と「これからの発展」を挙げ、全員の納得を得る
2–8 従業員からの賛成を得るためにはどうするか？……68
◎不安や動揺を抑えることが第一。開示のタイミングも計る
2–9 主要な取引先から賛同を得るには？……70
◎取引先にもメリットがある点を踏まえつつ事前に相談する

2–10 同業者へ相談する際の注意点……72
◎相談した時点から交渉が始まるという覚悟を持つ

2–11 金融機関に相談する際の注意点……74
◎メインバンクかどうかに捉われずM&Aに前向きな金融機関を選ぶ

2–12 M&Aにおける時間の使い方とは？……76
◎弱い立場なら早く、強い立場ならじっくりと交渉に臨む

2–13 買い手の視点 売り手の関係者を説得するには？……78
◎傍観者ではなく成約に向け積極的に努力する

3章◆小さくても債務超過でも会社を売る方法はある

3–1 社長の年収と会社の値段は関係するのか？……83
◎社長の年収が倍あっても会社が倍の値段で売れるわけではない

3–2 会社は何を基準に、どのように評価されるのか？……85
◎純資産を時価で見直す時価純資産額で評価する

3–3 営業権がつく会社とつかない会社の違いは？……87
◎現在より高い収益を稼ぎ出す可能性のある会社だけに営業権はつく

3–4 小さくても高い値段のつく会社とは？……90
◎「利益の原石」さえあれば、たとえ利益が出ていなくても売れる

3–5 債務超過の会社はどうしたら売れるのか？……92
◎高い営業権が見込めるか、事業の切り売りを考える

3–6 不動産の値上がり見通しは考慮されるのか？……94
◎不動産より事業そのものが評価の対象となることを忘れずに

3–7 関係会社があると評価はどうなる？……96
◎事業に関わりのある会社なら株式を時価に直すなどの作業が必要

3–8 役員退職慰労金を使い節税する方法は？……98
◎退職金を上手に使えば手取額を増やせる

3–9 株式譲渡と事業譲渡——節税に有利なのはどちら？……101
◎売り手の株主にとっては株式譲渡のほうが有利

3-10 **買い手の視点** 過去よりも将来の価値を重視する……104
◎利益が出せる会社かどうかを見極める

PART2 より高く、スムーズに売るためのM&A実践法

1章◆より高く売るためにしておきたいこと

1-1 社長がいなくても会社が機能するようにする……108
◎個人商店から経営組織への脱皮が求められる

1-2 自社独自の強みを手に入れる……110
◎いま強みがなければ計画を立てて獲得をめざす

1-3 株主をできるだけ減らしておく……112
◎M&Aに支障がないよう名義株の処理と自社株買いを進める

1-4 節税をやめて利益を出す……115
◎内部留保を厚くして株価を上げる工夫をする

1-5 **買い手の視点** 買収した会社へ派遣する経営者をどうするか？……117
◎売り手・買い手ともに経営者人材の育成が大切

2章◆どんな相手に売るかを決める

2-1 どうやって買い手候補を探すのか？……120
◎自分で探せなければ仲介機関をうまく利用する

2-2 仲介機関や専門家の選び方……123
◎信頼でき、自社のすべてを託せる機関と人物を選ぶ

2-3 仲介機関へはいくらぐらい支払うのか？……125
◎着手金と成功報酬の2本立てで支払う

2-4 こんな相手を買い手に選んではいけない……128
◎経営理念に共感できない会社、一部門しか必要としない会社など

2-5 知り合いの会社を選ぶときの注意点……131
◎知り合いこそがもっともシビアな評価を下すことを忘れない

2-6 買い手の視点 いきなりの買収が難しければ、資本業務提携から入る……133
◎段階を踏みながら買収するM&A手法もある

3章◆少しでも高く、失敗しない交渉の進め方

3-1 M&Aの交渉に臨む際の心構え……136
◎相手の立場を考え、隠し事は通用しないと考える

3-2 複数の買い手に条件を競わせる際の留意点……139
◎失礼な打診の仕方にならないよう仲介機関をうまく使う

3-3 少しでも高く売るためにはどうしたらよいか？……141
◎高く評価してくれる会社、異業種企業などから探す

3-4 買い手に対してアピールすべきことは何か？……144
◎同業他社にくらべ収益力の高い自社の強みを事前に整理しておく

3-5 上手な価格交渉の進め方……146
◎価格レンジを設定し、買い手の上限価格を探る

3-6 お互いの希望価格に差があるときは？……149
◎資産の切り離しや退職慰労金を利用して売却金額を下げる

3-7 社長を辞めてから引継ぎ期間中の待遇はどうなる？……152
◎すぐに引退せずに対外的な関係や従業員の心理を考慮する

3-8 親族の役員を残すことはできるのか？……155
◎退職を要請されることはないが特別扱いはなくなる

3-9 従業員の雇用条件は維持されるのか？……157
◎売り手が再生局面になければ、買い手も雇用継続を望む

3-10 従業員に気づかれないための工夫とは？……160
◎情報管理がルーズになりがちな社内だけに細心の注意を払う

3-11 基本合意を結ぶうえで注意すべき点は何か？……163
◎排他的交渉権など売り手の行為を制限する項目に注意する

3-12 買収監査では何が調べられるのか？……166
◎財務・事業・法律面から売り手企業の状況が分析される

3-13 最終契約書を結ぶうえで注意すべき点は何か？……168
◎無制限に保証するのではなく範囲を見極めることが大切

3-14 買い手の視点 リスクを重視し、できるだけ安く買う……171
◎リスクを負っていることを忘れずに、シビアに評価する

4章◆交渉が成立した後にやるべきこと

4-1 従業員へはどのように開示すべきか？……173
◎開示時期は締結前後。不安を解消する言い回しを工夫する

4-2 社長の個人保証はどうなるのか？……176
◎最終契約書に保証解除の文言を必ず入れる

4-3 新経営陣への引継ぎで留意すべき点は？……179
◎人間関係や情報など無形のものに重点を置く

4-4 買い手の視点 組織風土の創造とコミュニケーション……181
◎買い手企業の組織風土を無理やり移植する必要はない

PART3 会社の業績、関係別のM&A手法……

1 業績不振企業をうまく売る方法……188
◎価格よりも事業と雇用の維持を焦点に、できるだけ早く成約する

2 業績好調企業をうまく売る方法……194
◎安易に譲歩する必要はなく、条件面では強気で押す

3 取引先との経営統合型のM&A……199
◎途中で挫折しないためには統合後のビジョンをしっかり固める

4 異業種とのM&Aを成功させるには？……205
◎買い手には不慣れな業界だけに売り手は貢献の仕方を自ら考える

エピローグ
中小企業の事業承継でもファンドが活用できる

カバー装丁◎石田嘉弘
本文レイアウト＆図版◎ダーツ

序　章

後継者難に悩む
中小企業と
解決の方法

序-1 たとえ黒字会社でも廃業せざるを得ない!?

――なかには〝あきらめ〟ではなく〝誤解〟から廃業する会社もある

廃業を考える会社の４分の１は後継者難が理由。
つまり、年間廃業社数29万社のうち、７万社が後継者難による。
それにより失われる雇用は毎年20～35万人にも上る――。

◉――廃業する会社の４社に１社は後継者難が理由

この衝撃的な数字は、『２００６年版中小企業白書』に掲載されています。この年の白書は20ページにもわたって、中小企業の事業承継問題を大きく取り上げました。

また、『２００８年版中小企業白書』では、多くの中小企業の経営者は、利益よりも雇用を重視していることを明らかにしています。多くの中小企業では、家族同然に従業員を大切にし、赤字が出ても何とか雇用だけは維持しようと必死になっているのです。

そんななか、後継者が見つからないために廃業し、従業員を解雇しないといけないとしたら、経営者としてこれほど辛い決断はないでしょう。にもかかわらず、実に多くの中小企業が後継者難を理由に廃業しているのです。

◆自分の代で廃業を検討する理由

自分の代で廃業を検討している企業のうち、24.4%は後継者不在を第一の理由としている

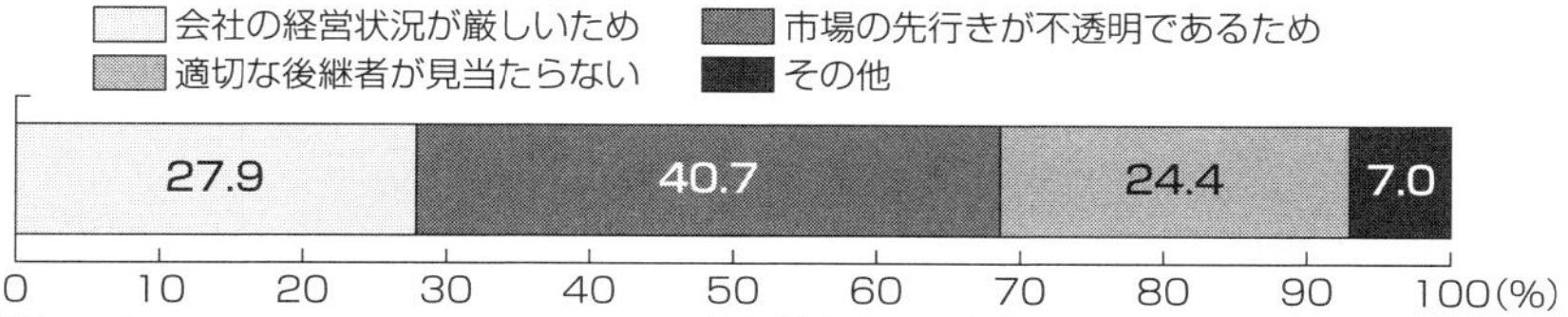

資料：三菱UFJリサーチ＆コンサルティング㈱『「事業承継」「職業能力承継」アンケート調査』(2005年12月)
(注)「自分の代で廃業したい」と回答した企業のみ集計している。

◆規模別に見た経営方針

雇用の場の提供を考えている経営者が多くなっている。また、規模が小さいほど、家業の承継と考えている割合が高い

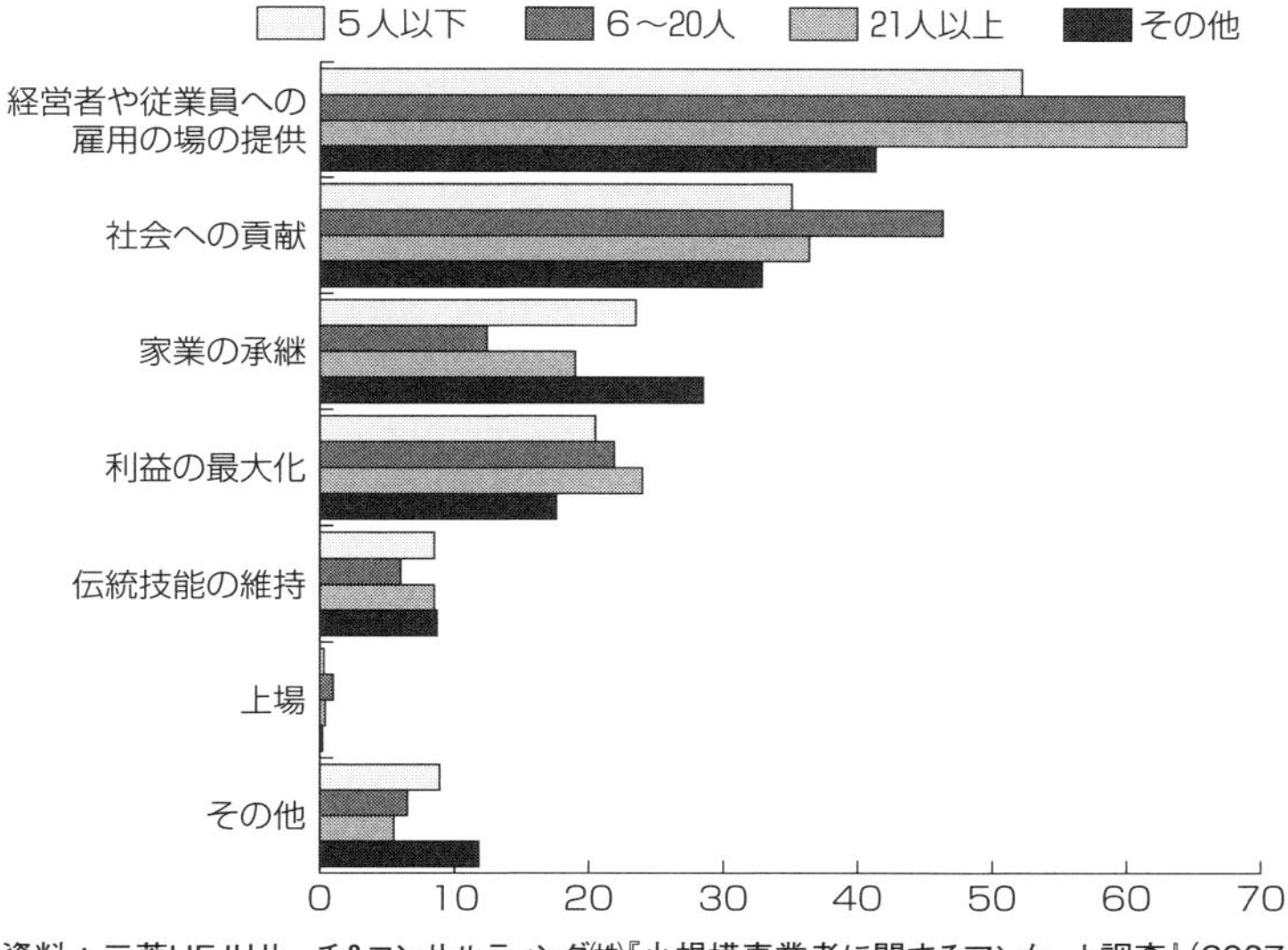

資料：三菱UFJリサーチ&コンサルティング㈱『小規模事業者に関するアンケート調査』(2007年11月)
(注)「自分の代で廃業したい」と回答した企業のみ集計している。

◉——〝誤解〟から廃業し、何万人もの人の雇用が失われる

後継者が見つからなければM＆Aで会社を売却する——最近はそう考える経営者も増えてきました。これは大変結構なことだと思います。とくに、55歳未満の経営者では、９割以上が「廃業」よりも会社を売却することを選択すると答えています。

これが55歳以上の経営者になると、５人に１人以上が「廃業」を選択と答えています。その理由として、半数の人が「事業売却が可能だと思えないから」という〝あきらめ〟によるものです。これはとても残念なことです。

なぜなら「事業売却が自社に可能とは思えない」と答えた企業のうち、75％は債務超過ではなく、黒字の会社も少なくないからです。

ということは、自社が売れないというのは〝あきらめ〟ではなく、単なる〝誤解〟かもしれません。単なる〝誤解〟のために、毎年何万人、何十万人もの雇用が失われているとしたら、これは由々しき事態です。

◉——あと5年でいまの経営者の多くが引退する!?

日本の経営者の平均年齢は毎年上昇し、２００７年には59歳2か月となっています。60歳を超えるのも時間の問題です。

一方、経営者が引退したいとする年齢は、平均64・5歳。平均的な経営者像を考えると、日本の経営者はあと5年で引退したいと考えているのです。

ですから、中小企業の経営者は、そろそろ真剣に後継者問題について考え、何らかの対処をし

◆後継者が見つからなかった際の会社の売却と廃業の選択

55歳以上の高齢層経営者のほうが、事業売却よりも廃業を選択する割合が高い

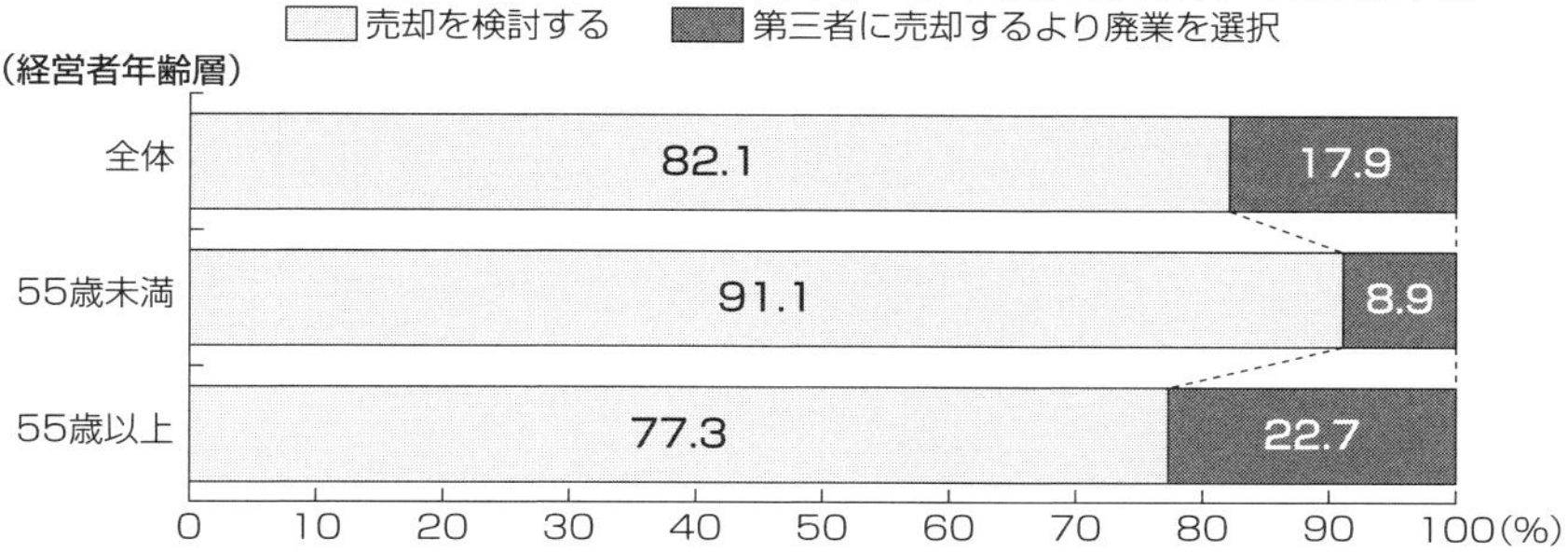

資料：三菱UFJリサーチ＆コンサルティング㈱『「事業承継」「職業能力承継」アンケート調査』(2005年12月)

(注) 事業を何らかの形で他者に引き継ぎたいとしている企業のうち、「適当な候補者がいない」としている企業で、「貴社の役職員を後継者として教育・育成する」ことや「社外から経営者を探す」ことによる後継者選びが、上手く運ばなかった場合を仮定として調査した。

◆事業の売却よりも廃業を選ぶ理由

事業売却を自社に可能な手段だと考えていない企業が多い

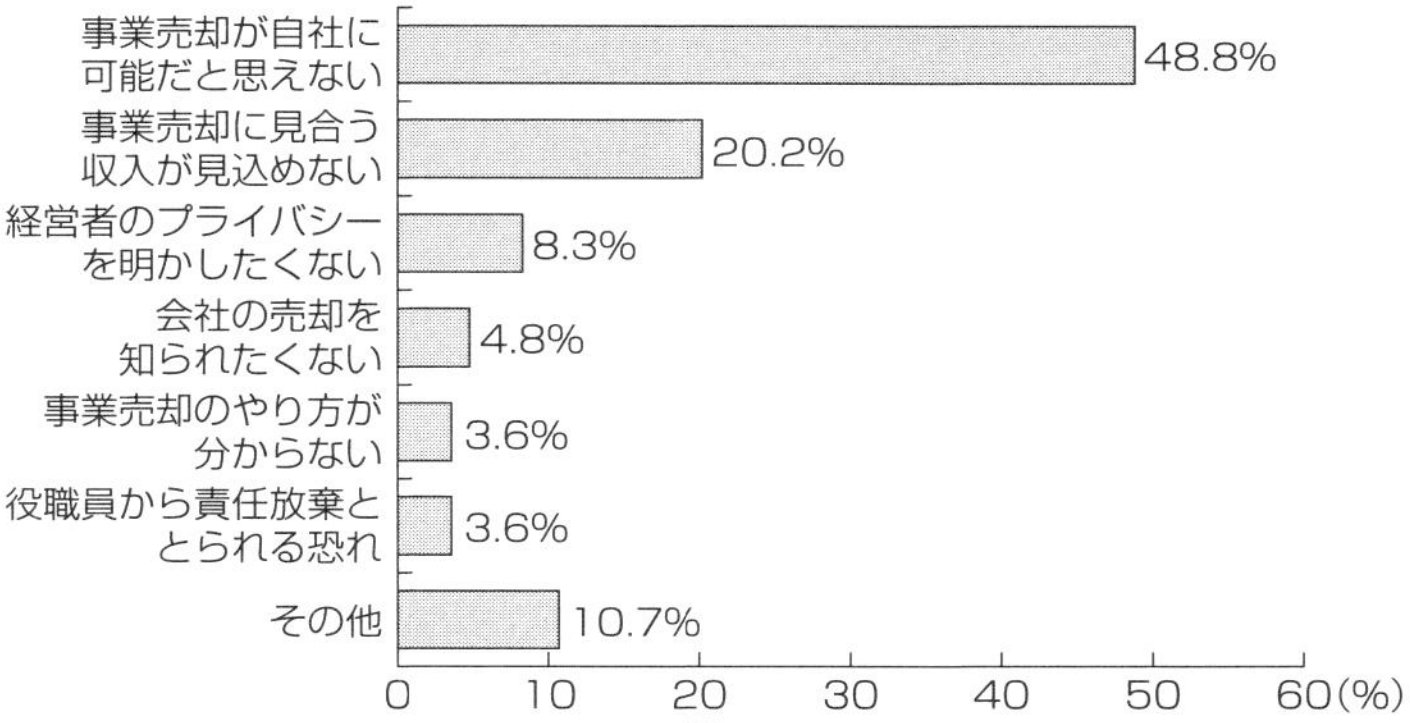

資料：三菱UFJリサーチ＆コンサルティング㈱『「事業承継」「職業能力承継」アンケート調査』(2005年12月)

(注) 事業を何らかの形で他者に引き継ぎたいとしている企業で、適当な候補者がいないとする企業のうち、後継者選びが上手く運ばなかった際に「第三者に売却するよりは廃業を選択する」と回答した企業のみ集計している

◆事業売却が自社に可能と思えない企業の資産状況

事業売却が自社に可能だとは思っていない企業のうち、債務超過企業は25.0%にすぎない

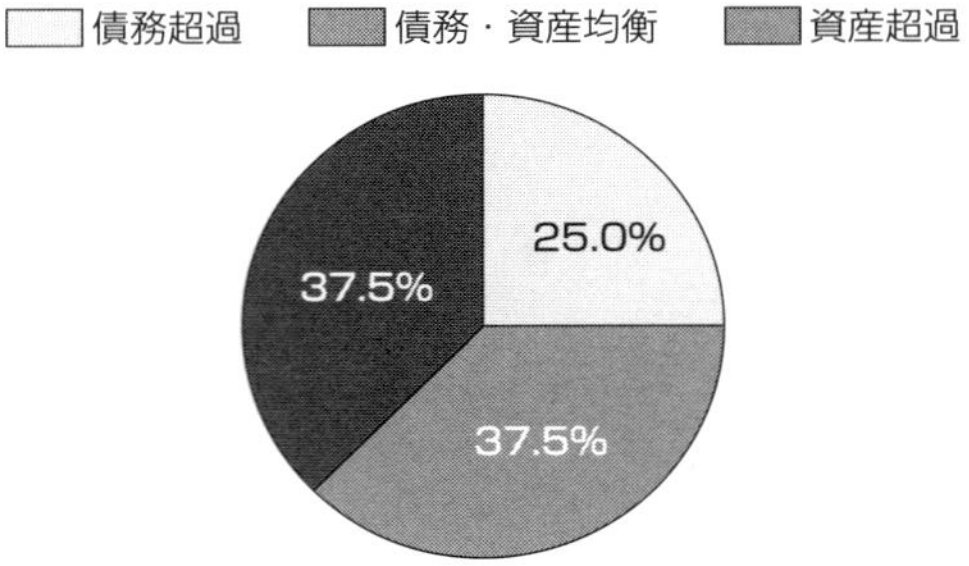

資料：三菱UFJリサーチ＆コンサルティング㈱『「事業承継」「職業能力承継」アンケート調査』（2005年12月）

（注）1. 事業を何らかの形で引き継ぎたいが、適当な候補者がいない企業で、候補者決定が上手く運ばなかった場合に、「廃業を選択する」とした企業のうち、「事業売却が自社に可能だと思えない」と回答した企業のみ集計している。

2. 「３期連続債務超過」「債務超過転落型」を債務超過、「３期連続資産超過」「資産超過回復型」を資産超過として集計している。

◆経営者の平均年齢の推移

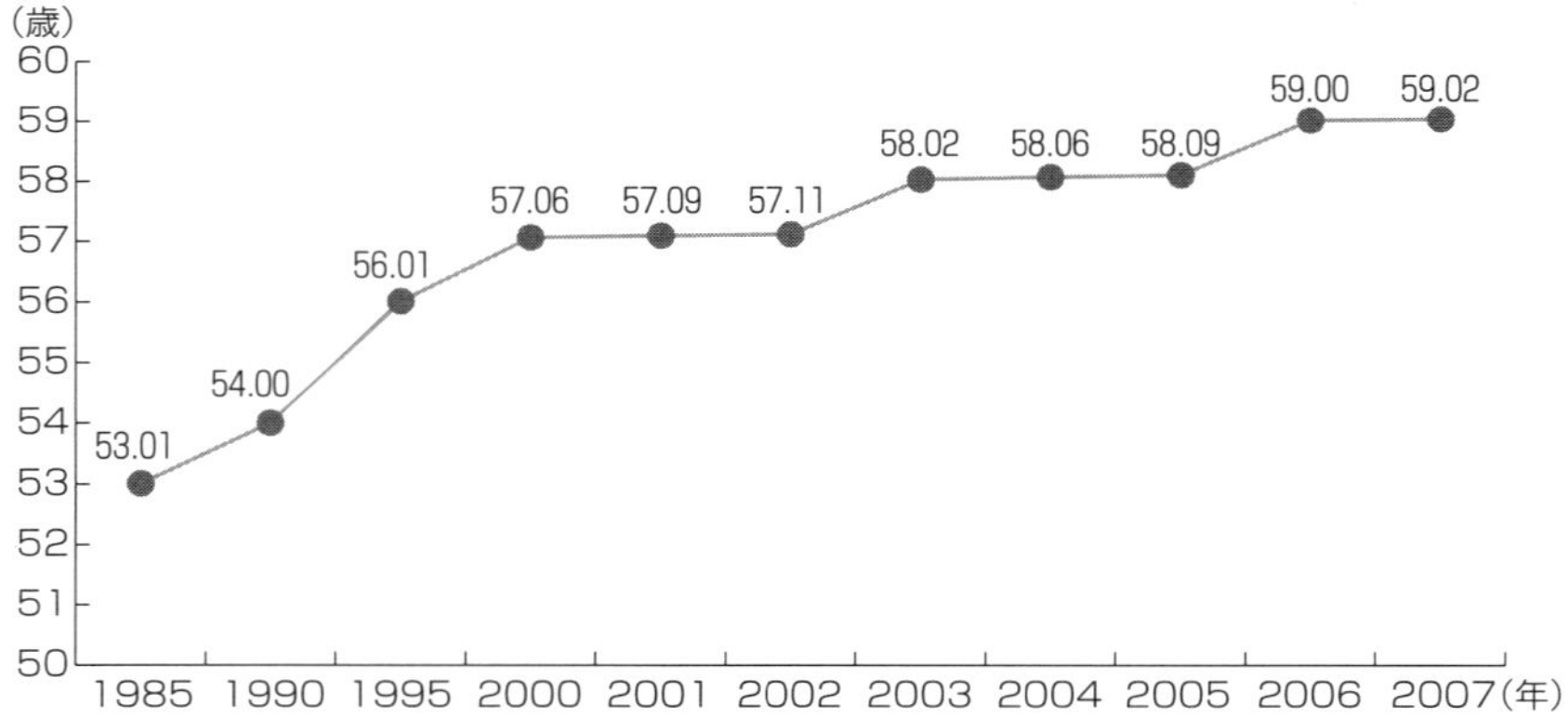

資料：㈱帝国データバンク『社長交代率調査』『全国社長分析』

（注）年齢の小数点以下は月数を表す。

なければなりません。しかし、日々の忙しさに流されて、気になりながらもついつい対策が後回しになってしまっているというのが、実態ではないでしょうか。

しかし、それも限界かもしれません。気づいたときには遅かった、というのが事業承継問題です。事業承継問題に向き合うのに、早すぎるということは決してありません。

黒字にもかかわらず、世間がその事業を必要としているにもかかわらず、後継者が見当たらないために廃業するということは、社会にとっても大きな損害です。事業承継は経営者に課された最大の経営課題といっても過言ではないのです。

ワンポイント・アドバイス

後継者難だからといって「売れるとは思わない」という〝誤解〟から廃業してはならない

序-2 中小企業の事業承継にはどんな方法があるのか?

―「経営」と「株式」の引き継ぎ方によって7タイプに分類

◉―事業承継には七つのタイプがある

会社を引き継ぐことを一口に事業承継と言いますが、具体的な内容としては大きく二つに分かれます。

一つは、経営の承継です。つまり、社長として会社の舵取りをする立場を継がせることです。もう一つは、株式の承継です。つまり、オーナーの持つ会社の株式を継がせることです。

経営と株式を、誰に、どのように継がせるかによって、事業承継には次の七つのタイプが考えられます。以下、それぞれのタイプの特徴と問題点を挙げます（次ページ表参照）。

①同族経営

経営も株式も親族の者に承継させるタイプです。昔からもっとも多いのがこのタイプです。後継者に経営者としてのやる気と能力（センス）があれば、社内外の目を考えても、このタイプがもっとも理想的です。

子息がいなければ、娘婿に継がせる。子供が小さければ弟や甥に継がせる。あるいは、社長が急逝し妻が急遽引き継ぐなど、親族への承継にもいろいろなパターンがありますが、まずは親族で後継者となりうる人材がいるかどうかを早いうちに見極めることが重要です。早くに後継者候

◆事業承継の７つのタイプ

承継タイプ	株式承継	経営承継	課題（ハードル）
①同族経営	親族	親族	親族に経営能力があるか？
②内部昇格	親族	社内	社内に適任者がいるか？
③外部招聘	親族	社外	社外に適任者がいるか？
④ＥＢＯ	社内	社内	社員が株式を買い取れるか？
⑤ＭＢＯ	社外	社内	出資者（ファンド）・融資がつくか？
⑥株式公開	社外	社内	公開基準を満たせるか？
⑦Ｍ＆Ａ	社外	社外	相手先が見つかるか？

補を決めることができれば、経営者教育や株式の生前贈与など、それだけ充実した準備と対策を講ずることができるからです。

②内部昇格

残念ながら親族に後継者として適当な人材が見当たらなければ、次に考えるのは従業員に会社を継がせることでしょう。社長の右腕として経営をサポートしてきた番頭格の幹部がいれば、経営を任せるうえで心配はありません。

ただし、従業員に株式を承継させるには、十分な資力がないこともあり得ます。そのため、経営は従業員に承継させ、株式は親族が承継する――いわば所有と経営を分離させるというのがこの承継タイプの特徴です。

③外部招聘

従業員にも後継者として適当な人材がいない場合は、外部から経営者候補を連れてくるというのが、このタイプです。ただし、従業員の場合と同様に、株式を承継させるには十分な資力がないことも多いため、株式は親族が承継します。したがって、この場合も所有と経営が分離することになります。

外部から連れてくるパターンとしては、メインバンクや取引のある大手メーカーから派遣してもらうケースが多く見られます。ヘッドハンティング会社を使って、外部から探してくるというケースは、まだあまり多くないようです。

④ＥＢＯ

ＥＢＯ（イービーオー）とは、Employee Buy-outの略で〝従業員による買収〟のことです。つまり、従業員がお金を出して株式を承継するとともに、経営も引き継ぐというタイプです。

従業員が自らの会社の株主となることで、従業員のモチベーション向上には大変有効な方法ですが、いかんせん、従業員に株式を買い取るだけの資金力があるかが問題です。また、多くの従業員が株式を保有することで、株式が分散し、かえって経営責任が曖昧になるという弊害もあります。ＥＢＯは現実にはあまり見られない方法ですが、次に紹介するＭＢＯと絡めて、ＭＥＢＯ（経営陣と従業員による買収）というスキームをファンドと一緒になって実施する例はいくつか見られます。もっとも、従業員持株会が株式の大きな割合を保有している会社の場合には、ＥＢＯも現実的な対策として考えられるかもしれません。

⑤ＭＢＯ

ＭＢＯ（エムビーオー）とは、Management Buy-outの略で〝経営陣による買収〟のことです。つまり、経営陣がお金を出して株式を承継するとともに、そのまま経営も引き継ぐというものです。ただし、実際は経営陣だけですべての株式をオーナーから買い取ることは不可能なケースが多く、一般には株式の買取り資金をファンドや金融機関から調達することになります。

ここで注意すべきは、ファンドを活用する場合です。ファンドは資金を提供する代わりに自らも株主となります。実際、MBOを実施すると、株式の大半をファンドが握るケースが一般的です。ですから、MBOといっても、ファンドを活用した場合は、経営権を実際に握るのは経営陣ではなくファンドであるという点です。

ただし、ファンドは必ず3～5年程度で株式を手放します。この間に企業価値を高め、株式を高く売却することが彼らのビジネスだからです。この場合、株式は第三者に売却されるか、株式公開により市場で売却されるか、基本的には二つの選択肢しかありません。そのため、ファンドを活用したMBOでは、いずれ大株主が代わるということを覚悟しなければなりません。

⑥株式公開

株式を上場するというのも事業承継の一つの方法です。この場合、経営はこれまでの経営陣がそのまま引き継ぐことになりますが、株式は市場に放出されるため、外部の機関投資家や個人投資家が引き継ぐことになります。

上場企業になることで、社会的な信用度や知名度が増し、資金調達や人材採用の面でも有利になります。従業員も上場企業の社員ということで会社に誇りが持てるようになります。

ただし、最近では、敵対的買収のように、好まざる相手に乗っ取られてしまう危険性も出てきます。これには、かつて金融機関が役割を果たしたような株式持ち合いによる安定株主が減少し、代わりに株価を重視する外国人投資家が台頭してきたという日本の株式市場の構造的変化が背景として考えられます。また、2008年4月以降に適用されている内部統制（いわゆるJ-SOX）も、上場に対する大幅なコストアップ要因*となっています。こうしたことから、最近は株式公開に慎重になる経営者が増えていることも事実です。

⑦M&A

内部統制のコストアップ： 内部統制では、決算書作成までの一連の作業を文書化したうえで、職務分担などにより企業内部で不正が起こらないような仕組みを構築することが求められている。こうした文書化や仕組みの構築、運用に多大な労力とコストがかかるケースが多い。

そして、この本の主題である会社の株式を第三者に売却するというM&Aも、事業承継対策の有力な方法です。

基本的には株式を売却したからといって経営者が交代する必然性はないのですが、オーナー社長が後継者難でM&Aをする場合は、当然、オーナー自身は経営から身を引くことになります。そのため、事業承継型のM&Aでは、経営も第三者に承継されることが一般的です。

⦿――できるだけ早く事業承継タイプを決める

このように、事業承継には、誰が株式を承継するのか、誰が経営を承継するのかによって、七つのパターンがあります。どの方法が自社にもっとも適しているかは会社の事情により異なりますが、一般にはまず親族への承継ができないかを考えるところから始めることになります（次ページ図参照）。大事なことは、どのタイプの承継を目指すのかをできるだけ早く決めることです。なぜなら、それによって、必要な対策が異なってくるからです。

たとえば、親族に会社を継がせる場合（同族経営タイプ）とM&Aタイプでは株価対策は正反対となります。親族に継がせる場合は、できるだけ相続税が低くなるように対策を打つ必要があります。つまり、株価の相続税評価額を低くするわけです。一方、M&Aの場合は、株価を少しでも高くして、高く売れるようにしなければなりません。このように、株価対策ひとつとっても、まったく異なる対策が必要となるのです（詳しくは115ページ参照）。

ワンポイント・アドバイス

事業承継には7つのタイプがある。必要な対策が異なるので目指すタイプを早く決める

◆事業承継タイプの決定フローチャート

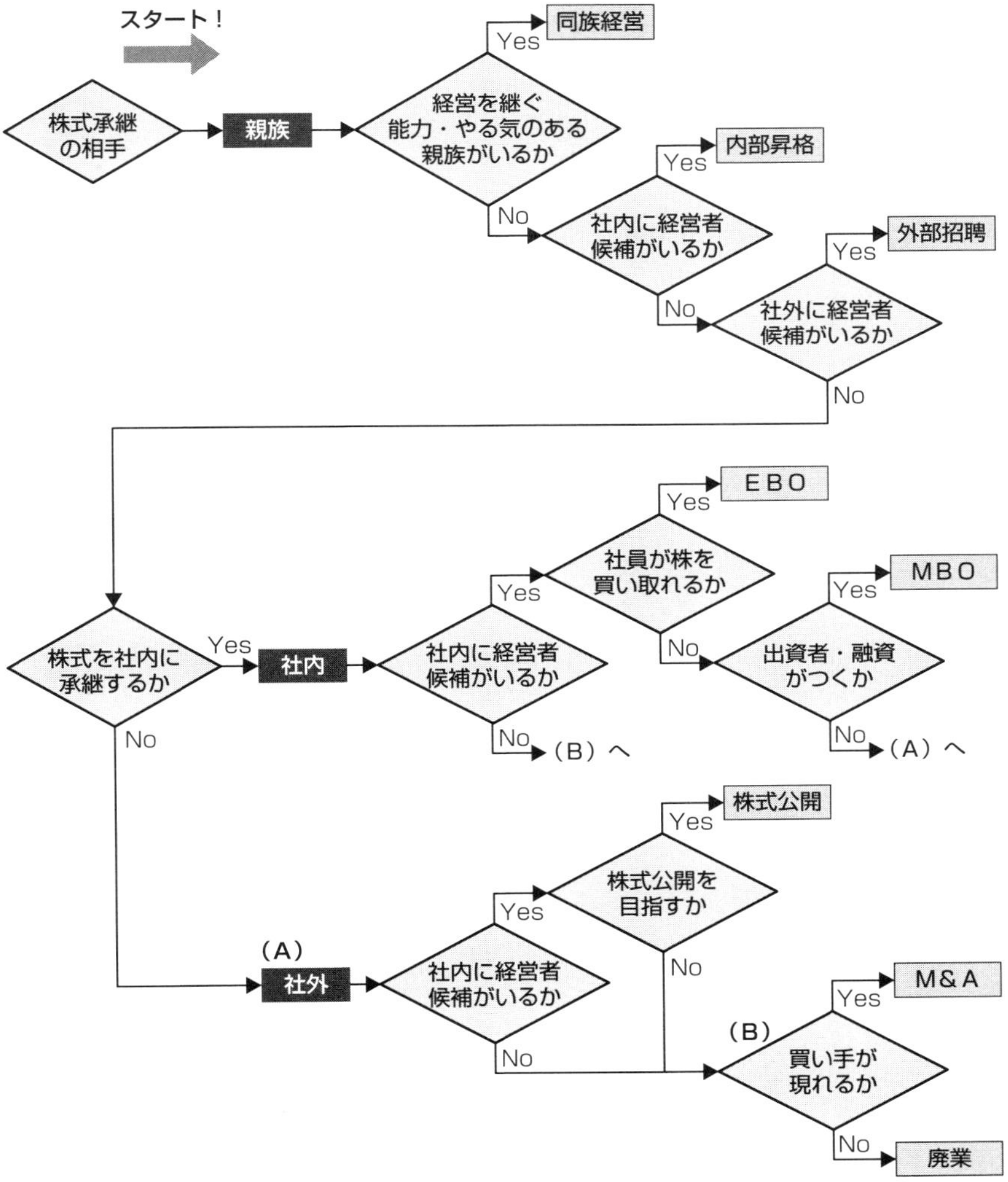

序-3

実際に事業承継をするにあたっての問題点とは？

――ヒト・モノ・カネの問題点とその解決策

⊙――経営資源からみた事業承継上の問題点とは

事業承継は、多くの中小企業経営者にとって最大の経営課題の一つといっても過言ではありません。それは実際に事業承継に取り組むとなると、多種多様な問題が発生する可能性があるからです。

ここでは、ヒト・モノ・カネの経営資源の観点から、よくある問題点を列挙してみましょう。

①ヒト＝後継者に関する問題

・後継者不在…経営を継ぐ意思のある者がいない／継ぐ能力のある者がいない
・後継者の能力…経営センスがない／計数感覚が乏しい／営業力がない
・後継者の意識…経営に対する使命感や情熱が乏しい／連帯保証を引き継ぐ覚悟がない
・後継者の人間関係…人望がなく求心力がない／後継者を支える番頭格の幹部がいない
・後継者の信用力…取引先や金融機関からの信用が乏しい

②モノ＝事業に関する問題

・事業の将来性…人口減少に伴う市場規模の縮小／需要の減退／業界再編の加速
・競争の激化…他エリアからの競合他社の進出／大手企業による攻勢／海外企業の進出

・収益性の悪化…競争激化による販売価格の下落／原料高による収益圧迫
・取引先の弱体化…取引先の収益悪化による共倒れ／元請企業からの発注量の減少
・資金調達不足…開発や生産性向上のための投資拡大／人材確保のための投資拡大

③カネ＝自社株に関する問題

・株式の移動…後継者への株式の移動が進んでいない／名義株がある
・株主構成…株式が後継者以外に分散している／経営に非協力的な株主がいる
・株価が高い…株価が高すぎて譲れない
・納税資金がない…相続で引き継いだ場合の資金がない
・会社からの借入金…会社からの多額の借入金がある

⦿――ヒトとカネが集まる会社になる

このように、事業承継に関しては、社内の理由からだけでなく社外の理由によっても多くの問題を抱える中小企業が珍しくありません。

以前は事業承継対策＝相続税対策というイメージが強かったのですが、これは、高度成長期のように、事業がどんどん成長していた頃の話。当時は事業承継においてヒトやモノが問題となることがあまりなかったのでしょう。ですから、事業承継といえば、カネ（自社株）の問題*がメインであり、なかでも相続税をいかに下げるかが対策の主眼だったといえます。しかし今は、後継者を見つけることすら、ままならない時代です。

では、これからの事業承継に必要なものは何でしょうか。それはヒトとカネです。

経営を引き継ぐヒト（後継者）はもちろん、株式を引き継ぐにはカネ（資金）が必要です。株

自社株問題（高株価と買取り）： 業績の良い会社ほど税法上の株価が高くなるため、よほどの資金力がないと個人が株式を譲り受けることが困難となる。また、相続で株式を譲り受けた場合も、多額の相続税の支払いが求められることから、一般にオーナー家は税務対策としてできるだけ株価を下げることを考える必要がある。

式を買い取るには買取資金が必要ですし、相続で株式を引き継ぐ際にも納税資金が必要です。

では、必要なヒトとカネはどこに集まるでしょうか？

それは〝利益の上がる会社〟です。

利益の上がる会社であれば、会社に現預金があるはずです。会社にお金があれば、会社が自社株を買い取ることで、オーナーは株式を現金化することができます。もし、会社にお金がたまっていなくても、利益が安定して見込める会社であれば、金融機関は自社株買いのための資金を融資してくれます。

また、利益の上がる会社であれば、後継者も見つけやすいはずです。会社を継ぎたいという親族も現れやすいでしょう。仮に親族から後継者が見つからなくても、第三者がM＆Aしたいといってくるに違いありません。今は圧倒的な売り手市場ですから、利益が安定して見込める会社であれば、ほぼ間違いなく買い手が見つかります。

さらに、利益の出る会社であれば、先に述べたモノ（事業）に関する問題も少ないはずです。

このように、これからの事業承継対策では、まず〝利益が出る会社であること〟が大前提です。

そのためにも節税対策をする前に、安定して利益が出る経営体質を築くことです。事業承継対策といいながら、継げない事業を作っても意味はありません。利益が出る会社であれば、事業承継対策で打てる手も多くなります。逆に、利益の出ない会社は打てる手も少なくなり、結果的に廃業するしかなくなってしまうのです。

ワンポイント・アドバイス

これからの事業承継に必要なものはヒトとカネ。利益の出る会社を目指す

序-4 なぜM&Aが事業承継の有力な手段なのか？

——事業承継に関わる様々な問題が一気に解決する

◉——「会社を売ってもよい」と考える経営者が増えてきた

M&A——乗っ取り・従業員がリストラされる→とんでもない！
M&A——身売り→そんな情けないことはできない！
M&A——大企業がやること→中小企業には関係ない！

日本でもM&Aが増えてきたというものの、まだまだネガティブな見方は多いものです。とくに中小企業の経営者や従業員にとって、M&Aは「とんでもないこと」であり、また「関係のないこと」という印象が強いように感じます。しかし、それは誤解です。

私は年間40～50件のM&A案件に対応していますが、そのほとんどは中小企業に関わるものです。毎週1～2件の新しい相談が飛び込んできます。M&Aの重要性を察知して、行動を起こしている中小企業経営者が着実に増えていることを実感しています。事実、非上場企業のM&Aはこの10年間で大幅に増加しました。これはいったい、何を意味しているのでしょうか？

以前から「会社を買ってもよい」と考える経営者は大勢いました。ところが、「会社を売ってもよい」と考える経営者はそれほどいませんでした。一方で、M&Aは売り手と買い手の双方がいてはじめて成立するものです。ということは、近年M&Aが増えてきたということは、会社を売ってもよいと考える経営者が増えてきたということにほかならないのです。

⦿――M&Aなら事業承継に関わる様々な問題が一気に解決できる!

さらに大幅に増えている非上場企業のM&Aでは、売り手側の理由のほとんどが〝後継者不在〟です。つまり「事業承継対策としてM&Aが活用されている」のです。

すでに述べたように、中小企業の多くは事業承継に関してさまざまな問題を抱えています。M&Aを活用すれば、そうした問題の多くを一気に解決することができるのです。

たとえば、後継者の問題に関しては、買い手企業から優秀な幹部を派遣してもらえれば解決できます。事業の先行きに関する問題でも、シナジー(相乗)効果の見込める中堅・大企業とのM&Aであれば、一気に勝ち組の仲間入りも夢ではありません。カネの問題も、買い手企業に自社株を100%譲渡することができれば、株式に関する問題も一瞬のうちに解決してしまいます。

このように、M&Aは非常にパワフルな事業承継対策なのです。ですから、経営者の方は、M&Aに対するネガティブな想いを捨て、後継者にふさわしい人材が見当たらない場合は、積極的にM&Aを検討しましょう。

とはいえ、これまでM&Aなどやったことのない経営者がほとんどでしょう。当然、疑問や不安もたくさんあることと思います。そこで以下の章で、事業承継対策としてのM&Aを考えるにあたり、中小企業経営者のさまざまな疑問に答え、解説を加えていきます。

ワンポイント・アドバイス

M&Aは事業承継問題の有望な解決策。実際「会社を売ってもよい」という経営者が増加中

PART 1

事業承継の手段としてM＆Aを考える

1-1 中小・中堅企業がM&Aを活用するメリットは？

——縮小する市場の中でも成長する機会が手に入れられる

◎——売り手こそがM&Aに取り組むべき

後継者不在の会社が、事業承継対策としてM&Aを活用するメリットは、一言でいえば、「単独では無理だった成長する機会を得ることができる」ということです。具体的には、次のようなメリットが挙げられます。

・買い手企業の資金力を活用して、従来できなかった投資ができるようになる
・大手企業の傘下に入る場合、経営母体がしっかりすることから、従業員が安心する
・買い手企業と技術・ノウハウ・顧客を共有することで、商機が拡大する
・会社を清算しないですむので、お客様や従業員を守ることができる

買い手にとってM&Aを行うメリットは、売り手企業を買収することで、その企業を一から始めるよりも「時間とノウハウ」を節約できることとよく言われます。しかし、右に挙げたように、買い手ばかりではなく、売り手にとってもM&Aを行うメリットはたくさんあるのです。

これからの時代、経営資源に乏しい中小企業にとっては、成長する機会をいかに手に入れるか

が生き残りのカギといえます。じっとしていれば、市場は縮小していくだけです。成長なくして存続なし——実は、売り手こそが生き残りを賭けてM&Aに取り組むべき時代なのです。

またM&Aは、売り手企業の従業員のモチベーションを上げることもできます。

以前、買収された会社の社員にインタビューしたときのことです。営業部門の若手社員は、目を輝かせてこう言いました。

「私は高卒なので、本来、買い手の○○産業グループに入社することなどできなかったはずです。それが、今回のM&Aでグループの一員になれたのですから、本当にラッキーでした。このチャンスを活かして、これからは精一杯頑張るつもりです」

◉——大手企業の傘下に入るメリットは図りしれない

大手企業の傘下に入ることで、資金力が増します。資金力が増せば、技術力が増します。技術力が増せば、営業力が増します。営業力が増せば、利益が出ます。利益が出れば、財務体質が改善します。財務体質が改善すれば、信用力が増します。信用力が増せば、優秀な人材を採れるようになり、人材力が増します。M&Aを契機に、縮小均衡から拡大均衡へと大きく舵を切ることができるようになるのです。

このように、売り手にとってもM&Aは多くのメリットをもたらしてくれるのです。

ワンポイント・アドバイス

会社を売ることで成長する機会が手に入る。売り手こそ積極的に取り組みたい

1-2 なぜ〝後継者〟が不在なのか？

——継がせたくても継がせられないケースもある

◉——子息はいるのに跡を継ぐ気がない？

一口に〝後継者不在〟といっても、実はいろいろなケースがあります。

ケース① オーナーに子息がいない。娘婿は別の会社に勤めていて跡を継ぐ気がない
ケース② オーナーに子息はいるが、別の会社に勤めていて跡を継ぐ気がない
ケース③ オーナーに子息がいて自社で勤務しているが、本人に跡を継ぐ気がない
ケース④ オーナーに子息がいて自社で勤務しており、本人にも跡を継ぐ気があるものの、その素質がない

一般に多いのは、②の「子息はいるけど、跡は継がない」というケースです。

昭和の時代は、オーナーの子息が会社を継ぐことが当たり前でした。そのころは高度経済成長期で、じっとしていても売上げは伸び、利益もついてきました。会社の発展は目に見えていたのです。

ところが、今は違います。少子高齢化が進み、人口は減少していきます。じっとしていれば売

上げは減る一方です。すでにサラリーマンとして大手企業に勤めていれば、その会社で大きな仕事ができるうえに、それなりの給料ももらえ、安定した生活も送れます。中小企業のリスクを考えると、親としても息子の意思を尊重したいと思うのは当然でしょう。

◉──会社のために親として辛い決断をすることも

親として、そして経営者として悩ましいのは、④のケースです。実は、こうした理由でM&Aを希望する経営者が増えているのも事実です。

多くの経営者は、会社を売った後も自分の育てた会社が引き続き成長することを望んでいます。だからこそ、これからの厳しい経営環境の中で、子息に継がせることが会社にとって本当に良いことなのか、冷静に考えているのです。

④の場合、「息子が社内にいるのに会社を売ってしまうと、息子はどうなるのか？」と思われるかもしれません。

一般には、当面の間、ご子息は現状のまま勤務となります。役員であれば役員のままです。ただし、基本的にはM&A後は、オーナーの子息としての特別扱いはなくなり、一般従業員と同じように評価されることになります。役員として力不足であれば、一般社員に降格されることもありえます。そのため、親としては辛い決断となります。経営者には、会社の将来のためと割り切る強さが求められるのです。

ワンポイント・アドバイス

「やる気」と「資質」のある後継者がいない状態が〝後継者不在〟

1-3 従業員に会社を譲ることはできるのか?

――「経営」と「資産」の両方を一緒には難しい

親族に適当な後継者がいない場合、従業員に会社を譲ることを考える経営者もいるかもしれません。しかし、従業員に会社を譲ることにはいくつか難しい問題があり、それが可能なケースは非常に少ないのが実状です。

◉――非上場企業では「所有と経営の分離」はやめた方がいい

すでに序章で少し触れたように、事業承継には二つの面の〝承継〟が必要であり、その両方を満たすのはなかなか困難です。

一つ目は〝経営の承継〟です。これは、社長業を後継者に譲ることを意味しています。長年、一緒にやってきた幹部社員でも、いざ社長が務まるかというと、難しい場合が多いようです。とくに社長がワンマンであった場合は、社長候補生が育っていないことも少なくありません。

二つ目は〝資産の承継〟です。これは、オーナーが保有している株式を後継者に譲ることを意味します。そのためには、後継者はオーナーから株式を時価で買い取らなければなりません。中小企業といえども、自社株の価値は数千万円から数億円に上ることも珍しくありません。こんな大金をはたいて、従業員個人が株式を買い取ることは不可能です。そのうえ会社が金融機関から借入をしている場合、後継者はその借入に対しても、個人的に保証することが求められます。万が一、会社が潰れれば、すべての財産を失うことになるでしょう。このように、資産を承継するには、相当の資力と会社を潰さないという覚悟が求められるのです。

そこで、一人の人間に両方の承継は難しいので、従業員は経営の承継のみ行い、資産の承継は引き続きオーナー一族に行ってもらうという会社があるかもしれません。この場合、株主と経営者が分離する、いわゆる〝所有と経営の分離〟状態となりますが、これは上場している大企業ならいざ知らず、非上場の中小企業ではお勧めしません。なぜなら、のちのち株主間での対立や株主と経営者間での対立が生じることがよくあるからです。

当初はオーナーの奥様が相続で株式を引き継いだとしても、その奥様が亡くなると、今度は子供たちへと株式は分散していきます。分散していく過程で会社の経営権があいまいになってくると、それらをめぐって株主や役員の間で対立が起こることが往々にしてあります。こうなると、本業のほうもおかしくなっていきます。

未上場企業では、こうした例が少なくありません。ですから、基本的に経営と資産の承継を一緒に行える相手を後継者に選ぶことが重要です。その意味でも、M＆Aは有効な後継者対策となるのです。

ワンポイント・アドバイス

未上場の中小企業では従業員に会社を譲ることは実際問題として困難な場合が多い

1-4

社員10名の小さな会社でも売れるのか？

――問題は規模の大小ではなく、買い手にとって魅力ある会社かどうか

会社を売るのに、基本的に社員の数は関係ありません。

通常、買い手企業が欲しいのは、社員の頭数ではなく、売り手企業の持つ技術、ノウハウ、顧客基盤などです。たしかに、それなりの規模の事業が欲しいということであれば、社員もそれなりの人数になるでしょうが、それはあくまで結果にすぎません。

たとえば、社員が4人しかいない会社でも2億円で買い手が見つかった例があります。この会社は、不動産管理業を営んでおり、管理物件はおよそ800戸ありました。買い手企業にとって売り手の魅力は、その管理物件数であり、社員の数は問題ではありませんでした。

大事なことは、小さくてもキラリと光るものを持っているかどうかです。

◉――きちんとした管理が行われていることが大切

ただし、小さな会社が買われる場合、注意しないといけないことがあります。

それは、事業の重要な部分で管理面がおろそかになっていないかということです。この場合の管理面とは、労務管理、財務管理、生産管理、品質管理、契約管理などのことです。こうした管理面がずさんな会社は、いくら良いものを持っていても、売却金額を大幅にディスカウントせざ

るを得なかったり、最悪の場合、売れないケースも出てきます。

たとえば、社員30人足らずのある外食企業の場合、労務管理がずさんで、M&Aの交渉中、多額の残業代未払い問題が発覚し、買い手から売却金額の大幅な減額を要求されました。

社員10名足らずのある不動産管理会社は、管理物件オーナーとの管理委託契約がずさんで、契約書の多くを紛失しており、事業価値に疑念を抱いた買い手は買収を断念しました。

社員20名のある特殊車両製造会社は、品質管理体制に不備があり、品質不良によるクレームが相次いで発生していたことから、買い手から将来のリスクとして売却金額の大幅な減額を要求されました。

こうした管理面の甘さは、M&A交渉の過程で行われる買収監査（デューデリジェンスという）によって、たいていは明らかにされてしまいます。隠し通せるものではありません。逆に隠していたことが後で判明した場合は、損害賠償請求の対象にもなります。

小さな会社が将来M&Aをしたいのであれば、管理面のずさんな部分を改善しておくことが必要です。

ワンポイント・アドバイス

会社の売却を考えるのなら、管理面でずさんな部分がないかきちんとチェックしておく

1-5 売れる会社と売れない会社の違いは？

——売り手市場とはいえ、強みを持たなければ買ってもらえない

いまやM&A市場は圧倒的な売り手市場です。つまり、買いたい会社に比べて、売りたい会社の数が圧倒的に不足している状況です。私の感覚では、売りのニーズが1だとしたら、買いのニーズは9くらいにもなります。

そのため〝キラリと光るもの〟を持った会社であれば、売り情報を出したとたん、数十社の手が挙がるといった状況です。たとえば、2007年8月に行われた介護事業大手コムスンの事業売却の公募に対して、わずか10日あまりの間に、施設介護事業の引受けには73事業者が、在宅介護事業の引受けにはなんと1099事業者が応募してきたのです。コムスンの〝キラリと光るもの〟は、事業規模だったと思われます。介護事業のような取得の困難な許認可事業は、大きな事業規模こそが大変な魅力となったのです。

◉——売り手市場でも売れるとは限らない

ただし、どんな会社でも売れるかというと、もちろんそうではありません。買い手が殺到するのはあくまで優良な売り案件に対してだけ。そうでない案件は見向きもされません。

ここで、売れる会社と売れない会社の特徴を見てみましょう。

【売れる会社の特徴】

・他社が簡単に真似のできない技術やノウハウを持っている
・特定の事業分野で高いシェアを誇っている
・大手企業など優良な顧客基盤を有している
・借入金が少なく財務体質が健全

【売れない会社の特徴】

・これといった強みがなく、本業の収益力が著しく低い
・最近の業績が悪化傾向にある
・債務超過に陥っている
・事業が社長個人に大きく依存しており、社長が抜けると事業が成り立たない

売れない会社の特徴に該当する場合は、一刻も早く手を打たなければなりません。とはいえ、利益率の低下など、一朝一夕に克服できない問題もあるでしょう。

そこで大事なことは、ディスカウントしてでも、事態がさらに悪化する前に売却を試みる、ということです。それでも買い手が現れない場合は、残念ながら売り時を完全に逃してしまったということです。その場合はいずれ会社清算*か、清算できなければ破産*を検討することになるでしょう。厳しいようですが、それが現実なのです。

ワンポイント・アドバイス

売り手にとってもっとも大事なことは、売り時を逃さないこと

清算と破産：
清算とは、会社法にもとづく法人格の消滅手続きをいう。債務超過でなければ「通常清算」により清算人のもとで清算手続きが行われるが、債務超過の場合は「特別清算」により裁判所の監督下で清算手続きが行われる。破産に比べ、手続きが簡易で迅速。
破産とは、破産法にもとづく法人格の消滅手続きをいう。債務者企業に支払不能、支払停止、債務超過といった破産原因が生じた場合に債権者の申し立てによって法人格の消滅処理が進められる。裁判所の選任する破産管財人により平等に資産処分が行われるのが特徴。

1-6 下請企業でも買い手がつくのか？

――100％下請けであっても高く売れる会社もある

一般に、下請企業はなかなか売れないというイメージがあります。とくに販売先が特定の顧客に偏っている場合、その顧客を失うと一気に経営状態が悪化することになりかねません。そのため、このような会社には買い手が見つかりにくいといわれています。

しかし、下請企業だからといって売れないわけではありません。なかには高く売れる下請企業もあります。しかも、顧客が1社しかない100％下請企業であっても、です。

売れる下請企業の特徴は次のとおりです。

①他社が真似のできない独自の技術、ノウハウを有している
②取引先が大手企業中心であり、直接取引口座を持っている
③大手企業の下請け選別を勝ち抜いた〝中核的下請企業〟である

◉――生き残った下請企業は魅力的

他社が欲しがるような独自の技術、ノウハウ、大手企業との取引口座を持っていれば、かなりの確率で買い手は現れます。

ここで特徴的なのは、③の〝中核的下請企業〟という強みです。

ここ十数年あまりの間、IT化の進展やグローバル競争の激化に伴い、多くの大手企業ではコスト削減や品質管理、納期管理上の目的から、従来の下請企業を選別・集約する動きが見られました。その結果、大手企業からの厳しい要求に応えられる一部の企業だけが下請企業として安定的な取引を許されることになったのです。

このような中核的下請企業は、いまや大手企業にとっても、なくてはならない存在となっています。そして、お互いの密な取引関係ゆえに、新規参入企業が取って代わることは、よほどのことがない限りあり得ません。

ですから、こうした中核的下請けという地位は、その大手企業と取引したいと思っている企業からすれば、垂涎の的であるわけです。たとえ取引先がその大手企業1社であっても、こうした会社は高く売れるのです。

逆にいえば、技術などに特徴がなく、取引先にも優良な大手企業がない下請企業では、買い手候補がなかなか現れないということです。下請企業であっても、きらりと光るアピールポイントがあるかどうかが、M&Aのカギを握るのです。

ワンポイント・アドバイス

下請企業であっても、独自技術や優良な取引先を有していれば高く評価される

1-7 買われやすい業種、買われにくい業種とは？

――こんな人気業種なら買い手も魅力を感じる

⦿――強気に交渉を進められる業種とは？

経済状態や時代背景にもよりますが、M&A市場においても、人気のある業種とあまり人気のない業種があります。

目下のところ、人気のある業種としては、次のような分野が挙げられます。

①人材派遣業
②ソフトウェア開発業
③チェーン展開している外食産業
④チェーン展開している小売業
⑤ハイテク関連の製造業
⑥鉄鋼・化学などの原材料メーカー
⑦介護事業
⑧ゴルフ場事業

それぞれの業種において買い手の主な狙いは、①、②は人材獲得、③、④は店舗と人材獲得、⑤、⑥は技術力や顧客獲得、⑦は許認可獲得、⑧は施設獲得です。いずれも、激しい競争や規制により単独で成長することが困難な業種ばかりです。

こうした人気業種の会社であれば、たとえ売り手であっても買い手を選ぶことができます。大きなマイナスポイントがないかぎり、交渉も強気に進めることができます。売り手にとっては幸せなM&Aが期待できるということです。

一方、あまり人気のない業種としては、次のような分野が挙げられます。

①卸売業（とくに中小）

②建設業（とくに中小）

いずれも収益性が著しく落ちており、構造的に業績回復が困難な業種という特徴があります。とくに卸売業は、総じて買い手が見つかりにくい状況になっています。日用品や医薬品など、大手卸がしのぎを削ってM&Aにより規模拡大を追求している業種もありますが、大手卸の寡占化が進んでいない業界では、卸売業の受け皿はなかなか見当たらない状況です。

商品の物流機能だけでなく、独自商品の開発力や独自技術を有するなど、アピールできるものがないと、買い手がつかないことは珍しくありません。

単独ではアピールポイントがないという場合は、同業者や異業種と経営統合して規模拡大や業態転換することで弱みを克服することも考えられます。ただし、単なる弱者連合とならないように、経営合理化もあわせて行うことが必要です。

ワンポイント・アドバイス

人気業種なら、売り手であっても買い手を選べるし、交渉も強気で進められる

1-8 経営者は売ることをいつ決断すべきか？

――気力と体力が充実しているうちに方向性を定めたい

ここまでのところで、M&Aは事業承継対策として、かなり魅力的な手段であることがおわかりいただけたでしょう。

しかし、頭でわかっていても、いざ会社を売ることを決断するのは大変勇気のいることです。これまで手塩に育ててきたわが子のような会社を、そう簡単に手放す決断ができるはずもありません。

では、実際に会社を売却した経営者の人たちは、どのような時にその決断をしたのでしょうか。

序章で述べたように、日本の経営者の引退希望年齢は65歳ですから、基本的には60歳を過ぎたあたりから「引退」という文字が頭をかすめ始める人が多いようです。

◉――気力・体力が衰える前に取り組む

そんななか、何人かの経営者から、こういう話を聞いたことがあります。

「大きな病気をした際、急に自分がいなくなった後の会社のことが不安になり、それがきっかけでM&Aを決断した……」

ほかにも、交通事故にあったことがきっかけで体調がすぐれなくなり、だんだんと事業意欲も減退し、M&Aを決断するに至ったという経営者もいました。

このように、病気やケガがきっかけで、気力や体力の衰えを感じ、M&Aを決断するケースは少なくないようです。

さらに別のケースでは、「65歳の誕生日までには絶対に引退する！」と引退時期の目標を明確にして、M&Aに取り組んだ経営者もいました。この経営者は、「これまで会社のためにすべてを捧げてきたけれど、残りの人生は自分の趣味やボランティアなど社会貢献のために使いたい」と、引退後にやりたいことを明確に考えていました。

実際に多いのは、決断を先延ばししてきた結果、高齢化による気力と体力の限界に至ってからM&Aを決断するケースです。経営者が70代後半や80代というようなケースもあります。私がアドバイザーを務めた案件で、オーナー会長が79歳、社長が67歳、その他の役員も平均65歳という〝高齢会社〟もありました。その会社のオーナー会長は、初対面で私にこう告げました。

「8か月後の役員任期終了までにM&Aが実現できない場合は、会社を清算する覚悟です。もはや、どの役員もさらに2年間の役員任期を務める気力がないのです」

本来は、ここまで追い込まれないうちに、M&Aに取り組まなければなりません。

ワンポイント・アドバイス

追い込まれてからM&Aを決断するのではなく、時間的に余裕のあるうちに決断する

【買い手の視点】

1-9 小さな会社のリスクはこうして見極める

――中小企業では「人」こそがリスクを左右する

小さな会社の場合、属人的な要素により事業が成り立っている部分が多いものです。そのため、小さな会社を買収しようとするときは、買い手側は次のような点に注意することが肝要です。

①社長（オーナー）がいなくなっても会社はうまく回っていくのか?
②主要な顧客との取引は継続できるのか?
③キーマンである役員や従業員は辞めてしまわないか?

これらは企業の価値そのものに大きな影響を与える問題ですから、慎重に見極める必要があります。とくに従業員や主要な顧客がＭ＆Ａ後に離れていってしまうことは何としても避けなければなりません。

そのリスクを見極めるためには、Ｍ＆Ａの交渉のプロセスで行われる買収監査（デューデリジェンス）の時に、カギを握ると思われる役員との個別面談をするのが有効です。

◉――ヒアリングによって買収後の状況を推察する

その個別面談では、まず今回のM&Aが敵対的買収ではなく、あくまで友好的で売り手企業の成長のためであることを強調したうえで、次のようなことをヒアリングするとよいでしょう。

①買い手企業が買収して今の社長（オーナー）が引退した場合、顧客や従業員が流出する恐れはどの程度あるか？

②売り手企業の業界が抱える課題は何か？　また、今後さらに会社を成長させていくには、どんなことが必要か？

③今回のM&Aや買い手企業に対して要望することはあるか？

こうした質問を通じて、経営者が交代したときのインパクトを推察するとともに、買収後も事業の陣頭指揮をとれるキーマンを洗い出すことができます。とくに②の質問を的確に答えることができる人材がいれば安心です。逆に、そうした人材が見当たらない場合は、買い手企業からその事業に精通した人材を派遣することも検討する必要があります。また、③の回答から、その人物の協力度合いを推しはかることもできます。

もし、キーマンとなる役員からM&Aに対する反発が大きい場合は、M&Aを断念することも検討しなければいけません。小さな会社の買収は、人に左右される要素が大きいのです。

ワンポイント・アドバイス

小さな会社の買収では「人」がリスクを左右するだけに、カギを握る役員との個別面談が有効

2-1 M&Aは結婚にたとえられる

――プロセスは似ているが、「駆け落ち」はできない

M&Aは結婚と非常によく似ています。そのため、M&Aを理解するには、結婚をイメージするとよいでしょう。

◉――運命的な出会いであることは結婚と同じ

売り手と買い手の出会いは、千に三つの確率という意味で〝せんみつ〟と言われ、運命的なものといえます。いくら売り手市場とはいえ、すぐに買い手が見つかるわけではありません。売り手は相性の良い相手が見つかるまでに、仲人（仲介機関*）から数十社ものお見合い写真（買い手企業の情報）を受け取ります。そして、そのうち数社とお見合い（面談）をし、お互いをよく知り、ひかれあうものがあれば、婚約（基本合意）します。そして、主要な関係者（ステークホルダー*）への説明など準備が整い、結婚式（M&A調印式）へと至るのです。

また、不思議なことに結婚と同じく〝マリッジブルー〟もあります。売り手企業のオーナーは、基本合意を経てM&Aが現実的になってくると、ふと「本当に会社を売ってよいのだろうか?」と精神的に揺れることがあるのです。なかには、「やはり白紙に戻したい」といって、婚約破棄（基本合意の撤回）を申し出るようなケースもあります。

売り手のアドバイザーをしていると、そうした場面に直面することがあります。私はそんな時

仲介機関：M&Aの仲介機関としては、証券会社、メガバンク、地方銀行、M&A専門会社などがある。仲介機関によって、主にターゲットとする案件の規模や報酬水準が異なる（詳しくは123ページ）。

ステークホルダー：主要な関係者のこと。M&Aの場合、株主や経営幹部、取引先、金融機関などが該当する。中小企業のM&Aでは、とくに売り手のステークホルダーへの根回しや説得が重要（詳しくは60ページ）。

は、こう言って社長を説得します。

「社長、M&Aは決して後ろめたいことではありません。買い手企業の傘下に入れば、会社はより成長できるんです。今回のM&Aは会社のため、ひいては従業員のためになるのです」

こういうときは、とにかく社長を勇気づけます。私はプロのアドバイザーとして、売り手企業のためになるような買い手企業を選んでアドバイスしてきたので、迷いはありません。そのM&Aが売り手のためになるという確信があるからこそ、自信を持って社長の背中を押すことができます。こうしたデリケートな部分も結婚と同じといえるでしょう。

◉——周囲の賛同が大きなカギ

なお、M&Aには結婚と違う側面もあります。それは〝駆け落ち〟はできないということです。

男女の仲であれば、いくら周囲が反対しても本人たちの愛さえあれば、駆け落ちして一緒になるということがありますが、会社の場合はそうはいきません。主要な取引先や従業員の賛同がなければ、M&Aは成功しません。それだけに、いかに関係者の賛同を得られるかが、M&Aを成功させるうえでの重要なカギとなるのです。

ワンポイント・アドバイス

M&Aは結婚と同じく決断した後も精神的に揺れる場面がある

2-2

中小企業ではどんな手法がとられるのか？

――もっとも利用されるのは株式譲渡

◉――株主が売却代金を手に入れられ、手続きも簡単

合併、株式交換、事業譲渡、株式譲渡……、一口にM＆Aといっても、さまざまな手法があります。経営権の移転を伴わない業務提携なども広義のM＆Aに含まれますが、一般にいうM＆A（狭義のM＆A）とは、経営の支配権を獲得するための取引を指します。つまりM＆Aとは、経営の支配権を獲得するための手法といえます（次ページ図参照）。

中小企業のM＆Aで圧倒的に利用されているのは株式譲渡です。これは、株主が会社の株式を第三者に売却することです。

なぜ株式譲渡がもっとも利用されているかというと、株主が売却代金を直接手に入れることができることと、法的な手続きがもっとも簡素であるためです。

前者についていえば、M＆Aにおいて株主が直接現金を手にすることができるのは株式譲渡しかありません。他の手法では、売却の対価として買い手企業の株式が割り当てられたり、売却代金が株主ではなく会社に入ってしまうのです。

この点については、新会社法*の規定により選択肢が増えたものの、税務上の制約により使い勝手が悪く、今でも事実上、株式譲渡が唯一の方法といってよいでしょう。

新会社法：2006年5月に施行された会社について規定する法律のこと。2005年6月の法改正によって、商法第二編、有限会社法、株式会社の監査等に関する商法の特例に関する法律（商法特例法）等の各規定を現代的な表記に改めたうえで再編成され会社法となった。

◆手法によるM＆Aの分類

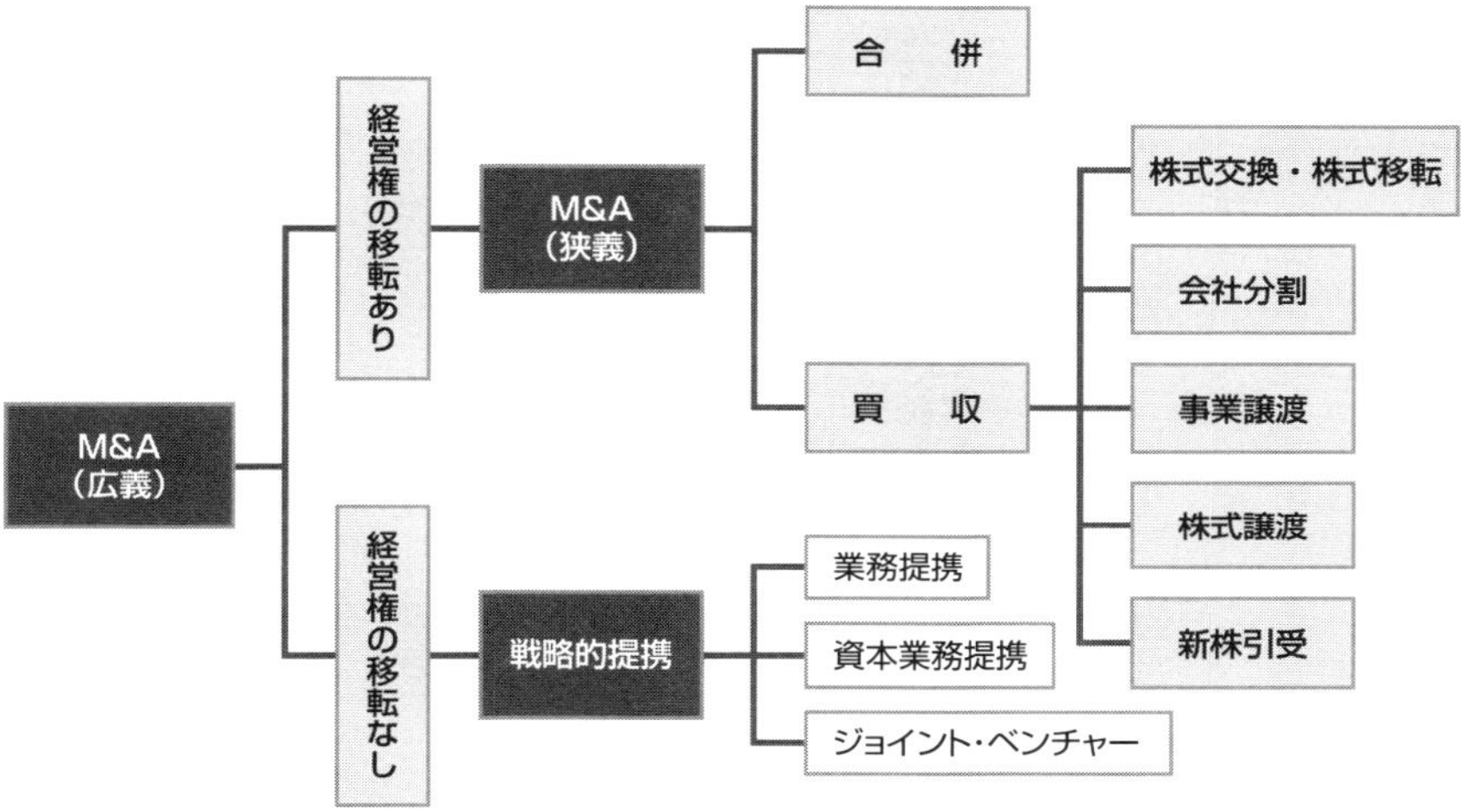

後者については、合併や株式交換などの手法では、株主総会の開催や官報への公告、登記など多くの法的手続きが必要になります。その点、株式譲渡においては法的に要求されるものがほとんどありません。注意すべき点は、次の2点くらいです。

①**取締役会での承認**……中小企業の多くは会社の定款で「株式を譲渡する場合は取締役会の承認を要する」という株式譲渡制限を設けています。この場合、取締役会で過半数の承認が得られることが株式譲渡の条件となります。取締役会など開催したことがないという中小企業もあるかもしれませんが、このときばかりは開催し、取締役が議事録に署名捺印する必要があります。

②**株券の発行**……新会社法になってから、株券は原則不発行となりました。ただし、これまで発行会社であった会社が、自動的に不発行会社に移行できるわけではありません。不発行会社になるためには、官報への公告や登記など所定

の法手続きが求められます。

株式譲渡において注意すべきことは、株券発行会社では、現物の株券を授受しないと株式譲渡の効力が発生しないという点です。すでに不発行会社に変更していれば問題はなく、この場合は株主名簿の書き換えだけで株式譲渡は完了します。これに対して、もし発行会社のままになっていると、実際に株券を発行していなくても、株式譲渡をするときには株券の現物が必要になるのです。もし現物の株券がなければ、株券を作らなくてはいけません。そうしないと、法的に株式譲渡が成立しないのです。

⦿——売却後もそのまま会社が残る

株式譲渡には他にも利点があります。売却後もそのまま会社が残るということです。会社から見れば、単に株主が変わっただけで、会社自体は今までどおり存続できるのです。中小企業のM&Aでは、多くの場合、経営者は交代しても、社名はそのまま存続します。これは買い手にとっても助かる面もあります。合併や事業譲渡などの手法では、売り手企業をすぐに買い手企業の中に取り込むことになるため、人事制度や情報システムなど、あらゆる面での統合作業が大変です。

その点、株式譲渡はこれまでどおり売り手企業が存続するので、時間をかけてじっくりと取り組むことができるのです。その点で、買い手にとっても株式譲渡は使い勝手のよい手法といえます。

⦿——簿外債務の恐れがあれば事業譲渡

株式譲渡の次によく使われるのは、事業譲渡です。事業譲渡とは、売り手企業の事業の一部を切り離して、買い手企業に売却する手法です。売却代金は株主ではなく、事業を売った会社に入ります。

株式譲渡ではなく事業譲渡が利用されるのは、売り手企業が他に事業を持っており、会社全体を売りたくないという場合や、業績が悪く簿外債務の存在が懸念される場合です。

買い手からすると、事業譲渡は必要な資産や権利のみを買い取ることができるため、簿外債務を引き継ぐ恐れがありません。先に述べた株式譲渡の場合は、会社をまるごと買い取ることになるため、簿外債務まで引き継いでしまうリスクがあるのです。

そのほかにも、合併や会社分割、株式交換などいろいろな手法があります。それぞれの手法ごとに会社法上の手続きのみならず、税務上の取扱いも異なります。

どの手法を活用するのが売り手、買い手双方にとってもっともメリットがあるかを提言するのは仲介機関の重要な役割です。とくに、関連会社がある場合は、株式譲渡だけでなく複数の手法を組み合わせてスムーズなM&Aを図ることもしばしばです。専門家の助言をもとに、最適な手法を選択しましょう。

ワンポイント・アドバイス

株主が売却代金を直接手に入れたいなら株式譲渡を利用する

2-3 中小企業のM&Aはどのような手順で進むのか？

——決断してからフォローまで9つのステップを経て進む

M＆Aはおおよそ次ページの図のような流れで進められます。以下、それぞれのステップにおけるポイントを説明しましょう。

①M＆Aを決断する

まずはM＆Aを行うべきかどうか、経営者が決断するところからM＆Aは始まります。とくに売り手の場合は、会社を売るというのは最初で最後の決断ですから、ここを踏み切れるかどうかが大きなハードルとなります。また決断のタイミングも重要です。業績が右肩上がりの時が理想です。売り時を逃してはいけません。

②仲介機関を選択する

M＆Aについて相談する相手は、M＆Aに詳しい専門家をお勧めします。中小企業の場合、顧問税理士に相談するケースが多いようですが、M＆Aに必ずしも精通しているとはかぎりません。なかには「M＆A＝身売り」という考えを持っている人もいるので、相談相手を誤らないことが大切です。

◆中小企業のM＆Aの基本的な流れ

1 M＆Aの決断
M＆Aを決断する
（踏み切れるかどうか。第一の関門）
2 仲介機関の選択
仲介機関を選ぶ
（経験豊富な専門会社がベスト）
3 相手企業探し
（マッチング）
最適な相手企業を探す
（関心が示されるのは10社に1社程度）
4 企業評価
自社の値段を算定する
（自社の売却額の目安をつかむ）
5 交　渉
相手企業と交渉する
（秘密保持契約を結び経営情報を開示）
6 基本合意
基本合意をとり結ぶ
（M&Aの仮契約。第二の関門）
7 買収監査
買収監査を実施する
（会計士による財務リスクの評価）
8 最終契約・クロージング
最終契約を締結する
（M&Aの成約）
9 アフターM＆A
締結後のフォローを行う
（従業員への説明と新経営陣の紹介）

基本的にはM&Aの仲介機関に相談を持ちかけます。具体的にはM&Aを数多く手がけている金融機関やM&A専門会社に相談するのがよいでしょう。

仲介機関への相談の結果、具体的に話を進めるとなれば、仲介機関との間でアドバイザリー契約*を締結することになります。この契約は、M&Aを進めていくうえでのアドバイスや相手企業探しなど、実務的な支援を行うためのものです。

M&Aは気苦労の連続です。とくに売り手にとってはなおさらです。そのため、頼りになる経験豊富なアドバイザーを雇うことは、何よりも大切なことなのです。

③相手企業を探す

売り手企業の情報は、まず〝ノンネームシート*〟と呼ばれる社名を伏せた要約資料の形で、仲介機関を通じて買い手候補に打診されます。

この資料には、売り手の業種、大まかな所在地、売上規模、設備、売却理由等の基礎情報が盛り込まれますが、社名が推定あるいは特定されるような情報は載せられません。この段階では、買い手の関心の有無を確認することが目的です。

私の経験上、この段階で関心が示される売り手企業の確率は、10社に1社くらいしかありません。M&Aは売り手市場とはいえ、高い関心を示す買い手を探し当てるのは容易ではないのです。

④企業価値評価を行う

売り手の場合、自社の売却額の目安を掴むために、買い手を探す前に仲介機関によって会社の値段を算定してもらいます。

アドバイザリー契約：仲介機関と依頼人との間で締結するM&Aに関する業務委託契約のこと。初期相談のあと、仲介業務を委託する時点で締結する。これにより、仲介機関から専門的なサービスを受けるとともに手数料の支払い義務が生じる。

ノンネームシート：M&Aの対象企業の概要を記した書面で、通常は1枚程度の簡単なもの。社名は載せないことからこう呼ばれる。相手候補企業に最初に打診する際に使用される。これで相手が興味を示せば、秘密保持契約を締結して社名や詳細な情報を開示することになる。

ここで注意していただきたいことは、会社の値段は一物一価ではないということです。買いたい相手によって売り手の価値は異なります。そのため、この段階で算定される価格は、「このくらいが一般的に妥当な水準」という程度の意味合いにすぎません。別の見方をすれば、売り手のオーナーが「売りたい」と思っている価格の妥当性を検証するためともいえます。

⑤相手と交渉する

買い手が売り手企業に強い関心を示した場合は、まず相互に秘密保持契約*を締結し、売り手は社名や各種経営情報を開示することになります。ここに至るまでがM&Aの第一関門といえるでしょう。

秘密保持契約は、たとえ最終的に成約に至らなくても、一定期間（通常は2年）は双方が入手した情報を無断で第三者に開示しないことを約束するものであり、とくに売り手を守るためのものです。売り手は、秘密保持契約を締結する前から社名や決算情報などを開示することがないよう、情報管理には細心の注意を払いましょう。

買い手は売り手企業の情報を精査して、買収に値するかどうかを慎重に検討していきます。この段階では、株主名簿、過去数年分の決算書、税務申告書、設備関連資料、組織図、従業員名簿、給与台帳、主要な契約書等、買い手が売り手企業の概要を把握するために必要な、あらゆる情報の提供が求められます。

買い手による一通りの分析が終わると、いよいよ買収価格の交渉が始まります。交渉は直接当事者同士が行うのではなく、仲介機関を通じて行うのが一般的です。当事者同士が直接交渉すると、感情のもつれから破談になるケースが多いためです。

秘密保持契約：
相手に無断で第三者に情報を公開することを禁止する契約。M&Aでは社名や財務情報などの具体的な情報を相手に開示する前に必ず締結する。秘密保持契約自体には費用は発生しないが、契約を違反した場合は損害賠償の対象となりうる。

⑥基本合意を締結する

買収価格を含めた条件面がある程度合意できた段階で、基本合意書の締結を行います。基本合意書の締結は、いわば〝M&Aの仮契約〟のようなもので、ここがM&Aの第二関門といえます。ここまでくれば、成約する確率はかなり高いといえるでしょう。

基本合意書には、買収価格、役員・従業員の処遇（退職金を含む）、引継ぎ期間の対応、買収時期といった基本的な買収条件とともに、他社との買収交渉を並行して行わないという排他的交渉権などが含まれます。

⑦買収監査（デューデリジェンス）を行う

基本合意書が締結されると、売り手の財務諸表に誤りはないか、簿外債務などのリスクがないかなどをチェックするために、買収監査（デューデリジェンス）が行われます。買収監査では、買い手側が招聘した会計士によって、簿外債務などの財務リスクが評価されます。

⑧最終契約・クロージングを実行する

買収監査により財務諸表上の誤りや簿外債務の存在などのリスクが発見された場合は、基本合意した買収条件の再調整が行われます。また、それと並行して、基本合意段階では詰めきれなかった詳細な条件面の交渉も行われます。たとえば、社長が会社名義で使用している自動車、携帯電話、クレジットカード、ゴルフ会員権などの資産をどう処分するかなど、細かいことを一つずつ決めていかなければなりません。すべての条件が決まると、晴れて最終契約書の締結となります。この段階がM&Aの成約です。

結婚にたとえれば、いよいよ籍を入れて法的に一緒になるのがこの段階です。クロージングでは、買収代金の支払、株券の受渡し、代表取締役の交代、印鑑等の重要物の授受など、会社の所有者と経営者が交代するのに必要な形式的手続きを行います。中小企業のM&Aでは、最終契約日にクロージングも合わせて行ってしまうことがよくあります。

⑨アフターM&A

M&Aの調印式が終わり、最初にやらなければならないことは、売り手企業の従業員への説明と新経営陣の紹介です。従業員が不安を抱かないよう、しっかり準備をして臨まなければなりません。その後は、新経営陣への引継ぎです。後継者不在が理由のM&Aの場合、半年から1年程度の引継ぎ期間を経て、これまでの社長は引退します。その間に、スムーズに経営が引き継がれるよう、社外の人脈も含めてあらゆる部分の引継ぎを行っていきます。

M&Aはおおよそこのような流れで行われます。仲介機関とアドバイザリー契約を締結して相手探しから始めた場合、最終的にクロージングに至るまでにはスムーズにいっても8か月～1年程度かかることが一般的です。途中で破談になると、また振り出しに戻るため、2年程度かかってしまうことも珍しくありません。M&Aに臨むにあたっては、これくらいの期間は覚悟しておく必要があるでしょう。

ワンポイント・アドバイス

スムーズに進んでも1年近くかかることを念頭に入れて交渉に臨む

2-4 人の感情がM&Aを左右する

——売り手の関係者を3タイプに分け、開示のタイミングを計る

◎——理屈ではわかっていても感情が許さない

M&Aは、きわめて人間くさいドラマです。決して経済合理性だけで割り切れる世界ではありません。そのため、想定外のことが次々と起こります。実際、ライブドアとニッポン放送・フジテレビ、王子製紙と北越製紙、HOYAとペンタックスなど、まさに筋書きのないドラマのような展開が現実の世界でも繰り広げられました。

M&Aで想定外のことが次々に起こるのは、理屈では動かない人たちが現れるからです。絶対に反対しないと思われていた株主が突如反対を表明する、主要仕入先が反対して特約店契約を解除すると通告してくる、極秘に進めていた情報が洩れて従業員が反対運動を起こすなど、「まさか！」と思われるような事態が発生することも珍しくありません。

こうした人たちが理屈では考えられない行動をとるのは、感情が理屈を超えてしまうからです。つまり、いくらM&Aが理屈のうえでは正しい選択だと理解していても、感情的にどうしても受け入れられない状況となってしまうのです。これは特に、売り手企業の関係者に見られる現象です。

⦿——関係者の特性を見極めて開示のタイミングを計る

そこで、こうした感情的な反発を未然に防ぐためには、売り手企業の関係者を次の三つのグループに分類して、それぞれのグループの特性に合わせて情報を開示するタイミングを計ることです。

①情緒志向グループ……大株主、役員・幹部社員、大口取引先など→会社への思い入れが強く、感情が理屈を上回りやすいタイプ

②合理志向グループ……少数株主、一般従業員、一般取引先など→経済的メリットがあればM&Aに賛成しやすいタイプ

③保守志向グループ……金融機関、顧問税理士など→売り手に対し否定的な意見を述べて、邪魔をするタイプ

ここで特に注意を要するのが①グループです。この人たちに事後報告は禁物です。「そんな話聞いていない！」と言ってヘソを曲げられては、まとまる話もまとまりません。うまくコントロールすることが必要です。かといって、情報管理上、開示が早すぎてもいけません。ベストなタイミングは、基本合意締結直前です。

一方、②、③グループの人たちには、基本的に事後報告で構いません。事前に開示してしまうと、阻止しようとする動きをとられる恐れがあるためです。ただし、従業員でも管理職に対しては、やや早めに開示するなど細かな配慮も求められます。

ワンポイント・アドバイス

人の感情を軽く見てはいけない。M&Aでは経済合理性では割り切れない出来事が起きる

2-5 まず誰に相談したらよいか?

――利害関係のない立場の専門家がベスト

◉――もっとも多いのは顧問税理士だが…

会社を売るべきかどうかを考え始めたときに、誰に相談したらよいか悩む経営者は多いと思います。

私たちの調査によると、相談しやすい相手としてもっとも多く挙げられた回答は「顧問税理士」でした。一般に顧問税理士は、長年のつき合いから自社やオーナーのことをよく理解している専門家であり、M&Aの最初の相談相手として考えられるのは当然のことです。

ただし、一方でM&Aに精通している税理士が多くないことも事実です。「M&A＝身売り」というようなネガティブな印象を持っている人も多く、経営者がM&Aについて相談しても、否定的にコメントすることも珍しくありません。

ある後継者のいない経営者が、高齢を理由にM&Aしたいと税理士に相談すると、こう言って反対されたそうです。

「こんなに儲かっているのに、会社を売るなんてもったいない。まだ頑張りましょうよ」

この経営者は、会社の利益をほとんど自分の報酬として取っていました。年収は５０００万円。たしかに、年収だけを見ればもったいない話のようにも思えますが、もう80歳を過ぎています。本人が高齢のためこれ以上働きたくないといっているのに、この税理士の発言は無責任です。それでも、顧問税理士からそのように言われると経営者としては躊躇してしまうものです。

◉——なるべく中立的かつ情報量の多い専門家に相談する

Ｍ＆Ａについて最初に相談すべきは、Ｍ＆Ａに精通した中立的かつ情報量の多い専門家です。ここでいう「中立的な」とは、売り手企業と直接取引関係がない、という意味です。たとえば、売り手企業のメインバンクや顧問税理士がＭ＆Ａに反対する理由として、買収されると取引が打ち切られてしまうとの危惧があることも少なくありません。というのも、買収後、メインバンクと顧問税理士は買い手企業と関係のあるところに変更することが多いからです。銀行や税理士が取引維持を図ろうとするのは十分に考えられます。

ただ、自行内にＭ＆Ａ部門を持っているメインバンクであれば、最近はＭ＆Ａの収益拡大を目指していますから、積極的に対応してくれるかもしれません。

そのため、最初に相談すべき専門家ということでは、Ｍ＆Ａの仲介機能のある取引銀行や独立のＭ＆Ａ仲介機関がよいでしょう。

そのほかには、懇意にしている取引先にＭ＆Ａの相談を持ちかけるケースも見られます。その際には情報が洩れないよう、相談場所や相手など十分に配慮しなければなりません。また、相手の反応によっては以後の取引関係に悪影響が出る可能性もあるので注意が必要です（後述参照）。

ワンポイント・アドバイス

最初にＭ＆Ａの相談するのは、Ｍ＆Ａに精通した中立的な専門家が理想

2-6

どうやって株主から賛成を得るか?

——タイミングを計りながら戸別訪問してお願いする

この章の第2項で述べたように、中小企業のM&Aでは、会社の株式をすべて買い手企業に売却する「株式譲渡」方式が採られることが一般的です。そのため、オーナーは自分以外の株主に、株式を買い手企業に売却することに同意してもらう必要があります。

ここで悩ましいのは、株主に株式を売ってもらうことを、いつ、どのようにお願いするかということです。とくに株主が分散している場合は、すべての株主が同意してくれるかも不安なところでしょう。

株主から同意を取りつけるには、お願いするタイミングと、お願いの方法がカギを握ります。

⦿——大株主への同意取りつけは相手探しの前

まず、タイミングですが、大株主からはM&Aの相手探しを始める前に同意を得ることが原則です。それにより、少なくとも3分の2以上は株式を売却できる目処をつけます。これは3分の2以上確保できれば、株式交換などで強制的に反対株主を排除することができる*からです。買い手にとっても、3分の2未満だと一部株主が残ることになるので、安心してM&Aに踏み切れません。その結果、なかなか買い手候補が現れない、という事態にもなります。

反対株主を排除：基本的にM&Aに反対する株主は自らが保有する株式を手放す必要はないが、株式交換や合併など、会社法の規定により3分の2以上の株主が賛同すれば成立するM&A手法も存在する。この場合、反対する少数株主は強制的に株式を手放すことを余儀なくされる。

残りの株主へお願いするタイミングは、基本合意前後とするのが一般的です。少数株主は〝合理志向〟が働くため、経済的メリットがあれば、同意してくれる可能性は高いでしょう。そのため、価格がある程度決まる基本合意の前後になるのです。

◉――個別訪問してお願いし、賛同してくれたら必ず委任状を取る

次にお願いの方法ですが、役員が手分けをして個別訪問することが理想です。従業員株主がいる場合は、一堂に集めて説明する方法もあります。

株主には、①M&Aを考えるに至った背景、②相手企業の概要とその会社を選んだ理由（M&Aのメリット）、③売却価格など、相手企業と合意している条件について説明します。そして、賛同してくれる株主には、その場で株式譲渡の委任状*にサインしてもらうことが重要です。この委任状は株式譲渡契約の調印時に買い手に提出する書類にもなるので、必ず各株主から入手しておきます。

もし、反対する株主が出てきた場合は少しやっかいです。その株主が心を許すと思われる人（たとえば創業家で影響力のある人物など）を担ぎ出して説得にあたるなど、あらゆる手を尽くして同意を取りつける必要があります。それでも同意しない場合は、最終的には株式交換等で買い手が強制的に株式を買い取ることも可能ですが、こうしたやり方は心情的なしこりが残る恐れもあるため、専門家とも相談しながら慎重に対応することが必要でしょう。

委任状：株式譲渡では、買い手と売り手企業の株主が直接株式譲渡契約を締結することが原則であるが、実務では大株主が株主を代表して契約を締結することが一般的。そのため、他の株主は代表となる株主に委任状を預けることで、自らの意思を表明し株式を売却する。

ワンポイント・アドバイス
株主への説得では、タイミングとお願いの方法に細心の注意を払う

2-7 会社を売ることを役員にどう説明するか？

――「健康上の理由」と「これからの発展」を挙げ、全員の納得を得る

◉――基本合意前に説明し、賛同を得る

後継者不在の場合、オーナー社長はM&A後に引退しますが、役員はそのまま残るのが一般的です。現役員が全員クビになり、買収した企業から新役員が派遣されてくるということは、特別な事情がないかぎりありません。

そもそも、M&A後も役員がこれまでどおりに仕事をしてくれないと、会社は成り立たなくなってしまいます。万が一、役員が反対して会社を辞めてしまうようなことがあると、M&Aは実行できなくなるうえ、会社も崩壊して、最悪の事態となります。

そのため、M&Aを進めるにあたっては、役員からの賛同を得ることがきわめて重要です。役員に対しては、少なくとも基本合意前には話し合っておく必要があります。基本合意は、M&Aの仮契約のようなものですから、基本合意後になると、「M&Aはすでに決定事項である」という印象になります。そうなると、「自分たちは無視された」という反発を招くことも考えられます。最悪の場合、M&Aに反対する取締役が過半数を超えると、M&A交渉の途中で社長の解任動議が出されてしまうこともあり得ます。2006年末に起こったHOYAとペンタックスの騒動はまさにこれでした。

こうした事態を招かないためにも、役員との話し合いはじっくりと行うことが重要です。

⦿——納得するまで徹底的に議論する

役員との話し合いでは、以下のような点を取り上げます。

・なぜM&Aが必要なのか
・どのような相手が望ましいか
・売却にあたり、相手に要望することは何か

これらについて、すべての役員が納得できるまで徹底的に議論すべきです。くれぐれも社長の独断で突き進んではいけません。

なお、M&Aについて役員から理解を得るためには、次のように発言すると効果的でしょう。

「最近は体調が悪く、健康上の理由から、社長業をこれ以上続ける自信がない。他に後継者もいないことから、わが社をより発展させてくれる企業に将来を託したい」

〝健康上の理由〟と〝これからの発展〟を挙げられると、たいていの役員は反対できなくなります。

いずれにせよ、中小企業では役員が株主であることも多いですし、残った役員が会社を支えていく存在であるわけですから、彼らの協力が得られるようにじっくり話し合い、納得のうえでM&Aを進めていくことが大切です。

ワンポイント・アドバイス

M&Aを成功させるには、役員からの賛同は絶対条件。納得するまで話し合う

2-8 従業員からの賛成を得るにはどうするか?

――不安や動揺を抑えることが第一。開示のタイミングも計る

⦿――法的には承諾を得る必要はないが……

「従業員の雇用を守ってくれる相手に譲りたい」
「従業員から恨まれるような辞め方はしたくない」

このような発言を売り手企業の経営者から、よく聞きます。

経営者として、これまで家族のようにつき合ってきた従業員が、M&Aの後に不幸になるのは絶対に避けたいと考えるのは当然のことです。まずはこうした考えがベースにあることが従業員からの賛成を得るのに必要です。

もっとも、法律上は従業員から承諾を得る必要はありません。とはいえ、M&A後に従業員が去ってしまっては、会社は成り立ちません。これでは従業員はもちろん、買い手企業としても大きな損害を被ることになります。もし、このような事態になれば、売り手企業に対する損害賠償請求にまで発展する恐れもあります。

つまり、M&Aについて従業員から賛同を得ることは、きわめて重要なことなのです。

◉——従業員の不安を払拭する

自分の会社が売られると聞いて、従業員が最初に抱く不安は、

・リストラされないか?
・給料が減らされないか?
・仕事内容は変わらないか?
・転勤はないか?

ということです。そのため「当面、リストラはしない。給料も仕事内容も勤務地も今までどおり」ということを最初に明言すれば、ほとんどの従業員は冷静に受け止めてくれます。

あとは、説明するタイミングです。

経営者としては、M＆Aの成約がほぼ決まった段階で打ち明けたくなるものですが、そこはグッとこらえなければなりません。基本は、M＆A調印式当日の朝礼もしくは事後報告です。

直前まで開示しない理由は、中途半端な状態で開示して、従業員の不安を増幅させないためです。ただし、現場の第一線をリードしている部長クラスなど上級管理職に対しては、調印式の2週間～1週間前に説明をしておきます。そして、当日まで口止めするとともに、開示後の一般社員の動揺をできるだけ抑えてくれるよう、あらかじめ根回ししておくとよいでしょう。

ワンポイント・アドバイス

従業員への開示は直前もしくは事後報告で。管理職には動揺を鎮めるよう根回ししておく

2-9 主要な取引先から賛同を得るには？

――取引先にもメリットがある点を踏まえつつ事前に相談する

◎――M&A成約後も取引を継続してもらうために

主要な取引先が反対したために、M&Aが破談してしまうこともあります。

売り手企業の経営において、仕入や販売面で、ある特定企業との取引割合が大きい場合、これがM&A後に維持できないようでは大きな影響が出てしまいます。とくに、大手企業との直接の取引口座を持っているようなら、買い手はその口座に大きな価値を感じていることでしょう。売り手としては、何としてもその口座を維持できるようにしなければなりません。

そこで、いかにして主要な取引先からM&Aに賛成してもらうかが問題となります。

基本的に注意すべきことは、「勝手に進めた」という印象を取引先に持たれないようにすることです。この章の4項目めで述べたように、大口の取引先は〝情緒志向〟です。報告や相談なしに進めたとなると、たとえそのM&Aが取引先にとってもメリットがあるものであっても、理屈を超えて反対される恐れがあります。私はこれまでにそうした例をいくつも見てきました。

そこで、取引先のキーマンへは、基本合意前に相談しておくことをお勧めします。基本合意後となると、「すでに決めたことの報告」ととられ、心証を悪くする恐れがあるからです。

⊙——取引先にメリットを感じさせる

ただし、取引先への相談が早ければ早いほど良い、というわけではありません。まだ「これ！」といった買い手候補が現れる前に相談すると、取引先に都合のよい相手を押しつけられる恐れがありますし、外部に情報が洩れるリスクも高まります。そこで、買い手候補と大筋で合意できる目処がついた段階（通常は基本合意前）で相談するのが理想です。

取引先に対しては、

①Ｍ＆Ａを考えるに至った背景
②買い手候補企業の概要
③取引先にとってのメリット

などを説明し、Ｍ＆Ａについて承諾してもらうようお願いします。この際、とくに③の説明は重要です。できれば、買い手候補から取引先宛てに、買収後の方針や取引先へのメリットについて書面を用意してもらうとよいでしょう。取引先の印象もずいぶん違うはずです。

そして、取引先のキーマンから承諾が得られた段階で、可能であれば買い手候補とともに取引先と会食の場を持ちます。

取引先の維持も従業員の維持と同様に細心の注意を払うべきものなのです。

ワンポイント・アドバイス

主要な取引先への相談は、〝事後報告〟とならないように注意する

2-10 同業者へ相談する際の注意点

相談した時点から交渉が始まるという覚悟を持つ

⦿相談するのは買収を打診するときだけ

同業者に相談する場合にもっとも留意すべき点は、相手を慎重に選ぶということです。単に仲が良いという理由だけで相談してはいけません。同業者に相談するときは、相手に会社を買い取ってもらう、あるいは経営統合することを前提に話し合いの場を持つべきです。

もし、会社が売りに出ているということが噂になれば、従業員が動揺し大変なことになってしまいます。会社を売るべきかどうか意見をもらいたいだけなら、情報が洩れやすい同業者には相談しないものです。

ですから、同業者へ相談するときは、買収を打診するときです。大企業の同業者同士でもこれは常識です。そして、いったん相談したら、その時点から、すでに相手との交渉は始まっているという覚悟を持つべきです。

同業者を選ぶとしたら、次のような相手が理想です。

・営業上、競合状態にない（営業面で補完関係が期待できる）
・自社よりも収益性が高く、経営基盤がしっかりしている
・自社にはない技術力や商品力などの魅力を持っている

⦿──できるだけ〝格上〟の相手を選ぶ

同業者の場合、たとえ経営者同士は仲が良かったとしても、営業現場では激しい競争を繰り広げているケースもあります。その場合、現場としては、「昨日の敵は今日の友」と簡単には割り切れないものです。本当はそうではないのですが、売り手企業の従業員は競争相手に敗北したような感覚を抱いてしまいがちです。

また、自社よりも〝格下〟の同業者に会社が売られてしまうことも、従業員としては反発を感じることがあります。同業者に会社を譲る場合は、できるだけ〝格上〟の相手を選んで、従業員に将来の成長を期待させることが大切です。

また、相談する場所や状況にも細心の注意を払いましょう。

相談する場合、料亭の個室など、他人に話を聞かれない場所を選びます。相手の会社で相談する場合は、従業員の目につきにくい会議室が望ましいでしょう。少なくとも、売り手企業の事務所で相談することは避けます。競合相手との内密な相談は、さまざまな憶測を呼ぶ恐れがあるからです。

このように、同業者へのM＆Aは、従業員の反応や情報管理など難しい面があります。それだけに、慎重に相手を選ばなければなりません。

ワンポイント・アドバイス

同業者に相談する場合は、その相手とのM＆Aが前提。そのためにも慎重に相手を選ぶ

2-11 金融機関に相談する際の注意点

——メインバンクかどうかに促われずM&Aに前向きな金融機関を選ぶ

◉——M&Aへの認識が高い金融機関かを見極める

売り手の立場だと、金融機関への相談についても慎重さが求められます。

「会社を売りたいなんて銀行に相談すると、経営姿勢が消極的だとして、融資が受けられなくなるのではないか?」

このように心配して、とくにメインバンクに対してなかなか相談しにくい経営者も多いようです。

たしかに売り手側のメインバンクの心境は複雑です。M&Aに対して金融機関は、どちらかというと〝保守志向〟が強い立場です。銀行の担当営業店レベルでは、メインバンクの地位を失う恐れもあることから、「M&Aなんてやめたほうがいいですよ」と否定的な対応をされることも珍しくありません。

実際、私はある信用金庫の営業部長に、ある企業の売却について接触するよう依頼したとき、「うちの取引先に身売りしろと提案するのですか?」と言って拒絶されたことがあります。M&Aに対する捉え方が金融機関によって大きく異なることを思い知らされました。もし、売り手がこうした金融機関に相談すれば、冒頭に挙げた懸念のように、経営姿勢が消極的だと間違った解釈をされる恐れもあります。M&Aで会社を売却することが、従業員の雇用を守り、将来の成長への布石につながるにもかかわらずです。

⦿――M&A仲介機能を持つ金融機関がお勧め

そこで売り手としては、メインバンクであるかどうかにかかわらず、M&A仲介機能のある金融機関に相談することをお勧めします。最近はメガバンクだけでなく、一部の地方銀行や信用金庫でもM&Aの仲介ビジネスを積極的に手がけるようになっています。そうした金融機関では、M&Aの相談を絶好のビジネスチャンスとして前向きに対応してくれます。

とくにメガバンクは、充実したM&A専任チームを擁し、全国規模で優良企業とのネットワークを有しています。優良な買い手候補企業を紹介してもらえる可能性は高いといえます。地方の企業であっても大都市圏の企業の傘下に入ることで、大都市圏の市場を新たに手に入れる可能性も広がることでしょう。

ただし、複数の金融機関に仲介を依頼することは避けましょう。今は圧倒的な売り手市場ですから、売りニーズを出すと一気に多くの案件が持ち込まれて収拾がつかなくなるほか、情報管理上も好ましくないからです。会社を売ることについては、信頼のおける金融機関に限って相談すべきです。

ワンポイント・アドバイス
優良な買い手を紹介してもらえる豊富な情報網を持つ金融機関を選ぶ

2-12 M&Aにおける時間の使い方とは?

――弱い立場なら早く、強い立場ならじっくりと交渉に臨む

◉――「時間は敵だ!」

M&Aの世界には、"Time is Enemy."(時間は敵だ)という言葉があります。この言葉は、時間をかければかけるほど成約は困難になる、ということを意味しています。

これまで何度も述べてきたように、M&Aには経済合理性だけでは割り切れない難しさがあります。高い値段を提示すれば必ず売り手が同意するとはかぎらないのです。

「世の中、カネで買えないものはない!」

一世を風靡したあるIT企業の経営者はそう豪語しましたが、世の中それほど単純ではないことが、M&Aに携わっていると痛感させられます。

反対しないと思われていた株主や取引先が反対する。一度は売ることを決断した売り手企業のオーナーが「やっぱり売りたくない」と言い出す。買い手側の弁護士がリスクを声高に叫んだせいで買い手がM&Aを断念するなど、M&Aでは人の感情が絡んで想定外の事態が勃発することが珍しくありません。

M&Aは感情が渦巻く世界です。感情は時間とともに複雑な動きを見せます。時が経つとともに、人はいろいろなことを考えるからでしょう。ですから、M&Aではなるべく時間をかけない

ことが原則なのです。

◉——時間は強いほうに味方する

とはいえ、時間をかけずに、成約を目指すことが常に良いわけでもありません。時間は強いほうに有利に働くという性質があります。

たとえば、業績が悪化傾向にある売り手企業は、急いで売る必要があります。そうしないと業績はますます悪くなり、売るにも売れなくなってしまうからです。一方、交渉相手である買い手はさほど急ぐ必要はありません。最悪の場合、売り手企業が倒産して法的整理に入ってから債権カットなどをすませたうえで買収するほうが安心なくらいです。ですから、業績の悪い会社を買収する場合、買い手はじっくりと調査を行い、慎重にM＆Aに臨みます。売り手側はそのことを踏まえて、迅速な行動と意思決定を心がけましょう。

逆に、業績の優良な売り手企業の場合には、他社も食指を伸ばす可能性があり、買い手側には早く決めたいという焦りが出てきます。一方、売り手としては他社にも声をかけて入札状態にしたほうが高値での売却が可能となります。この場合は、売り手側は焦る必要はありません。買い手候補先を複数募り、少しでも有利な条件を提示する相手に交渉権を与えればよいのです。

このように、M＆Aでは時間は交渉上有利な立場にある者に味方します。そのことを念頭に置きながら、時間を上手に使うよう心がけましょう。

ワンポイント・アドバイス

時間は立場の強い者に味方する。自分の立場をよく確認しよう

【買い手の視点】

2-13

売り手の関係者を説得するには？

――傍観者ではなく成約に向け積極的に努力する

◉――買い手としても説得の努力を怠らない

売り手と買い手がＭ＆Ａに合意しても、周囲の関係者、とくに売り手側の関係者が反対することでＭ＆Ａが破談してしまうことがあるのはこれまで述べてきたとおりです。そこで成約を目指す買い手にとっても、売り手側の関係者から反対されないよう配慮する必要があります。

売り手側の要注意人物としては、次のような人たちが挙げられます。

①社長以外の創業家の大株主
②主要な取引先（仕入先・販売先）
③売り手企業の役員・幹部社員
④売り手企業の顧問税理士

買い手としてできることは、①については、基本合意までに了解を取りつけておくよう売り手の経営者に要請することです。必要に応じては、買い手自らもそうした大株主を説得する努力が必要です。

②については、取引がなくなれば買い手としても重大な影響が出るわけですから、基本合意直前もしくは直後に売り手を通じて承諾を得ることです。この場合も、必要に応じて、買い手自ら

も説得にあたります。

③については、少なくとも役員については基本合意までに売り手企業の社内で同意を取りつけてもらうよう要請します。幹部社員については必要に応じて、基本合意後に個別面談をセットしてもらい、買い手企業の概要や買収後の方針などを説明し、M&Aに対する不安を和らげるよう努めます。

④については、少なくとも買収監査の時点で顧問税理士への開示が必要となります。売り手企業に対しては、たとえ昵懇《じっこん》の顧問税理士であろうとM&Aを否定されないために、基本合意までは相談しないよう要請することもありえます。

⦿——不安を取り除き、メリットを伝える

売り手側の関係者が反対する理由は、①開示が遅れたことによる感情的なもつれ、②買収条件が売り手に不利、③M&Aに対する単なるネガティブな印象、などが主なところです。

そのため、まずは開示のタイミングを外さないことが基本です。そして、買収条件に対する不満や買収後の不安については、買い手自らの言葉で誠意をもって説明するのです。

とくに、買収後の経営方針や関係者へのメリットについては明確に伝えられるようにしておきましょう。基本合意の後は、より積極的に売り手側の関係者から賛同を得られるよう協力する姿勢が大事です。〝婚約〟した直後から二人の共同作業は始まるのです。

ワンポイント・アドバイス

買い手側も、売り手の関係者から賛同を取りつけることに最大限協力する

実録コラム①

M&Aを理由に、突然メーカーから特約店契約の破棄を通告されたが…

ある総合電機メーカーの特約店A社は、創業60年を超える老舗の電機製品販売会社です。かつては高い収益性を誇っていましたが、ここ数年は主力の卸売事業のマージン低下を受けて、赤字すれすれの状態が続いていました。それでも、過去の十分な利益の蓄積から、年商30億円にして無借金という良好な財務状態を維持していました。

A社の取締役の平均年齢は60代後半で、創業一族には後継者がいません。業績悪化を受けて、一時は引退していた創業家オーナーが社長に復帰して改革を試みるものの、目立った成果は得られず、経営陣や従業員は行き詰まりを感じていました。

そんななか、ついにオーナーは会社を手放すことを決断しました。早速、全取締役を集めて、M&Aで会社を売ることについて議論し、全員一致で賛同を得ました。ただし、期限は役員の任期が切れる今期末まで。残された時間はわずか8か月でした。

M&A仲介機関を通じて数社に打診したものの、なかなか興味を示してくれる先は現れません。そこで、A社の社長が地元財界の知人で、これまでに何社も企業買収を行っているX社社長に、A社を買い取ってくれないかダメもとで打診してみました。

すると、X社社長はこの申し出を快く引き受けました。地元でも老舗企業として知名度としっかりした顧客基盤を持つA社は、X社にとっても魅力的に映ったのです。

数十年来のつき合いであるA社社長とX社社長の信頼関係もあり、両社の交渉はスムーズに進みました。そして、交渉開始からわずか1か月で基本合意に至ったのです。

問題は基本合意後に起こりました。

A社は特約店契約を結んでいる総合電機メーカーに、X社との基本合意締結について報告しました。メーカーには事前にM&Aを考えていることを説明していたので、その場では「仕方ないですね」といった反応です。

ところが、基本合意の報告後まもなく、メーカーよりA社に突如、特約店契約を3か月後に解除する旨の通告書が届きました。

これに驚いたA社はすぐにメーカーの担当支店長に掛け合いましたが、メーカーと買い手のX社の間にこれまで取引関係がなかったことを理由に、メーカーは断固として特約店契約解除を撤回しようとはしませんでした。

一般に、特約店はメーカーから優遇価格で仕入ができるため、特約店契約の解除は仕入コストのアップを意味しており、収益性低下に直結する大問題です。近年、さまざまな業界で、メーカーによる特約店集約の動きが見られます。国内販売を合理化するために、中小特約店をメーカー系列の特約店や大規模特約店に統合するものです。A社の取引先の総合電機メーカーも、まさにこのような特約店政策を進めていました。

そうしたなかでのA社のM&Aでした。メーカーとしては、A社は規模が小さく、販売力も弱いと評価していたのでしょう。そのため、このM&Aを好機とばかりに、一方的に特約店契約の破棄を通告してきたのです。これまでA社が担当してきたエリアはすでに他の特約店が販売攻勢を仕掛けており、A社が特約店でなくなっても、メーカー側が困ることはなかったのです。

A社とメーカーとの特約店契約は、メーカー側から一方的に契約を解除できる条項が入っており、A社としてはメーカーからの通告に対抗することはできませんでした。結局、特約店という地位を失わざるをえなくなったのです。

ここであっぱれだったのは、X社の反応でした。

普通に考えれば、仕入価格がアップするうえ、特約店という看板がなくなったことで企業としての信用力にも傷がつきます。通常であれば、買い手としては買収価格の減額を要求するか、最悪の場合、M&Aをあきらめることも十分に考えられるところです。

ところが、X社の社長は特約店契約解除のメリット・デメリットを冷静に洗い出したうえで、「今はメーカーのほうを向いて仕事をする時代ではない。大事なことはお客様のニーズに応え続けることだ。そうすれば仕事を失うことはない。メーカーの看板がなくなった分、他メーカーの商材も扱いやすくなる。だから、特約店契約解除は大した問題ではない」と喝破し、A社に対して一切買収価格のディスカウントを要求することなく、予定通り買収を進めました。

そうして、めでたくA社はX社へすべての株式を譲渡することができました。A社にとっては、当初期限よりも2か月も前倒しでのM&A成約です。X社との交渉開始からわずか4か月での〝スピード婚〟でした。

実は、A社は不振の卸売業のほかに、それなりに収益力のある電気工事部門を持っていました。工事部門は、地方自治体や地元の大手企業の工場など、優良な顧客基盤を多数有していました。X社としては、特約店契約を解除されてもあまり影響のない工事部門の事業にこそ魅力を感じていたのでした。

M&Aを理由に、主要な取引先から取引条件の見直しを迫られる可能性はあります。それでも買い手がつくためには、独自の商品力、技術力など、取引先に左右されにくい魅力を持っているかどうかがカギとなるのです。

3-1 社長の年収と会社の値段は関係するのか？

――社長の年収が倍あっても会社が倍の値段で売れるわけではない

◎――会社の値段は株式の価値で決まる

以前、私がアドバイザーを務めた売り手企業のオーナー社長との会話です。

社長「売却額は、2億円は欲しいね」

私「2億円、ですか……。そうお考えになる根拠は何でしょうか？」

社長「今の年収が4000万円だから、その5年分は欲しいのでね」

私「お気持ちはわかりました。ただ、申し上げにくいのですが、今の状態で2億円で売ることはほぼ不可能です。目安としては1億円プラスアルファくらいかと思われます」

社長「ええ、そんなに安いの⁉」

引退した後も今の生活水準を保ちながら、悠々自適に暮らしたいと思うのは当然です。しかし、社長の年収と会社の値段に直接的な関係はありません。社長の年収が4000万円の会社は、社長の年収が2000万円の会社と比べて倍の値段で売れるかというと、そうではないのです。では、会社の値段はどのようにして決まるのでしょうか？

M&Aにおける会社の値段は株式の価値で決まります。株式の価値は、中小企業の場合、時価純資産額（次項参照）が目安となります。時価純資産による評価方法は相続税評価でよく用いられるので、オーナー経営者の方にはなじみのある考え方でしょう。

冒頭の会社の場合、時価純資産額は1億円足らずしかありませんでした。利益のほとんどを社長が報酬として受け取っており、内部留保を積極的に行ってこなかったからです。

⦿——相続税対策とM&A対策は正反対

会社に利益を残しても税金を取られるだけだし、会社の内部留保が厚くなると株価が上がり、相続税の負担が大きくなってしまう。だったら、できるだけ役員報酬で利益を吸い上げてしまったほうがいい、と考える経営者は少なくありません。

親族に会社を承継させる場合はそれでも構いません。節税対策をしっかりして、スムーズな事業承継を図るべきです。相続税対策を怠ったために、株価が高くなりすぎて、相続税が払えなくなっては大変です。

ところが、M&Aで第三者に会社を譲る場合は、できるだけ利益を出して、会社の内部留保を厚くし、株価を引き上げる必要があります。できるだけ高く会社を売るためです。つまり、相続税対策＝株価を下げること、M&A対策＝株価を上げることであり、正反対の対策が求められるのです（詳しくは115ページ参照）。

経営者にとって重要なことは、親族に会社を継がせるのか、M&Aで第三者に会社を譲るのかをできるだけ早く決めることです。

ワンポイント・アドバイス
会社を高く売るためには株価を上げる努力をする

3-2 会社は何を基準に、どのように評価されるのか？

――純資産を時価で見直す時価純資産額で評価する

◉――中小企業のM&Aでは時価純資産額が目安

前項で述べたように、中小企業のM＆Aで会社を評価するにあたっては、時価純資産額が目安となります。時価純資産額を求めるには、時価評価した資産から負債を差し引きます。つまり、貸借対照表の純資産を時価で評価したものが時価純資産額となるのです。

対象となる主な資産としては、売掛金、棚卸資産、土地、建物、有価証券などが挙げられます。

時価評価の仕方は以下のとおりです。

売掛金は、回収可能性を評価して不良売掛分をマイナス評価します。

棚卸資産は、製品としての価値がない不良在庫や滞留在庫分をマイナス評価します。

土地は、不動産鑑定士に評価してもらうか、公示価格や路線価をもとに評価します。

建物は、不動産鑑定士に評価してもらうか、固定資産税評価額をもとに評価します。

有価証券は、直近の市場価格をもとに時価評価します。

また、従業員の賞与引当金、退職引当金や役員の退職慰労金など未計上の負債がある場合は、これを負債として認識します。

⦿――時価純資産額は会社の存続を前提にした評価

ここで注意したいのは、時価純資産額は会社を清算する際に求められる清算価値とは違うという点です。資産の再評価という共通する部分があるため、経営者の中には清算という最悪の事態になったとき、時価純資産額で会社を処分できると誤解している人が少なくありません。清算価値とは、資産を処分価格で算定したものです。通常、時価純資産価値よりも清算価値のほうが大幅に低くなります。たとえば、棚卸資産や固定資産などは通常の時価よりも大幅にディスカウントしないと処分できないのが一般的です。買い手がつかない在庫や機械設備などの価値はゼロです。売れたとしても7～8割引ということも珍しくありません。しかも、清算価値には40％程度の法人税が課税され、株主に分配されるのは清算価値の60％に目減りしてしまいます。こう考えると、時価純資産価値で会社が売れるということは、清算する場合に比べて金銭的には大きなメリットがあるのです。逆に言えば、会社を清算する際に、時価純資産価値ではできないということです。従業員の雇用や取引先への影響を考えれば、会社を清算するよりも時価純資産価値で売却するほうが、圧倒的に有利だということです。

私がこのことを強調するのは、M＆Aの決断ができず、会社を清算せざるを得ない状況になって、あわてて相手先を探す〝婚期を逃した会社〟を目にしてきたからです。そうした会社の多くはうまくいって清算、最悪の場合、破産に至ります。時価純資産額で会社を清算できるとタカをくくってはいけません。時価純資産額は会社の存続を前提とした価格なのです。

ワンポイント・アドバイス

時価純資産額は会社の存続を前提にしたものであることを知っておく

3-3 営業権がつく会社とつかない会社の違いは？

――現在より高い収益を稼ぎ出す可能性のある会社だけに営業権はつく

◉――営業権はどのようにして算定されるのか？

営業権とは超過収益力のことです。実務的には、会社が将来生み出すであろうキャッシュフローの現在価値の総額が、時価純資産額を上回る部分を指します（次ページ図参照）。計算上は、会社が将来生み出すキャッシュフローを予測し、それらを一定の割引率で割り引いて現在の価値に置き換えます。

たとえば、1年後の予想キャッシュフローが1000万円の場合、割引率10％で割り引くと、現在の価値は約909万円となります（1000万÷（1＋10％）≒909万）。これを2年後、3年後、4年後と将来のキャッシュフローをすべて足し合わせていくのです。このような算定方法をDCF法*（ディスカウンテッド・キャッシュフロー法）といいます（DCF法の計算は複雑なため、ここで詳細には触れません。概念のみ理解してください）。

時価純資産法は貸借対照表を時価に置き直したものですから、いわば過去から現在までの経営成績を表したものといえます。一方、DCF法は将来会社が生み出すであろうキャッシュフローをもとに計算するものですから、将来の価値まで含めた算定方法といえます。

営業権はDCF評価額から時価純資産評価額を差し引いた金額として算定されるため、営業権

DCF法：ディスカウンテッド・キャッシュフロー法。企業が将来生み出すキャッシュフローをもとに株価を算定する手法。算定するには、将来のキャッシュフロー予測とキャッシュフローを現在価値に割り戻すための割引率の設定が必要。のれんの算定でも使用される。

◆営業権がつくケース

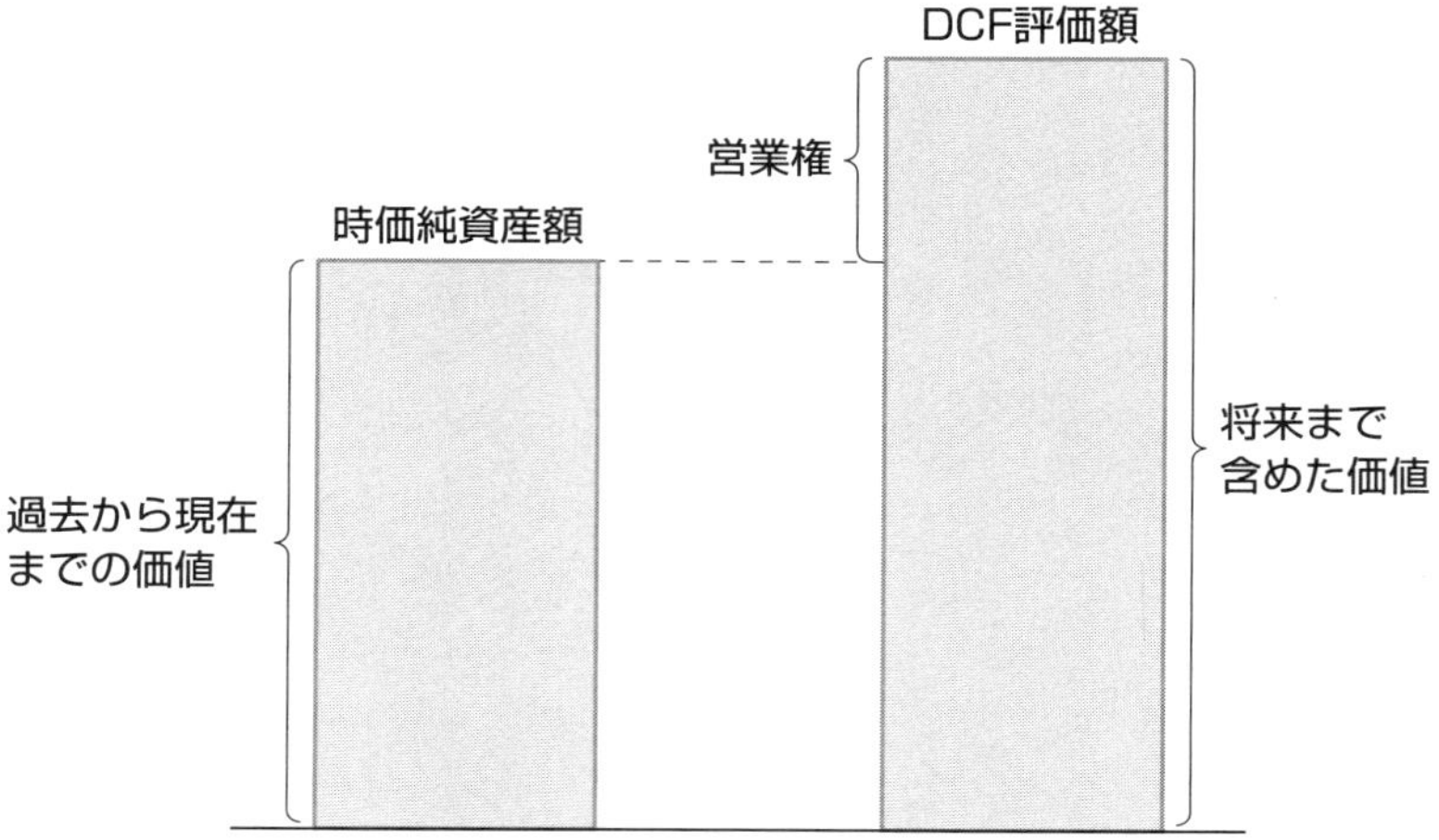

◆マイナスの営業権が発生してしまうケース

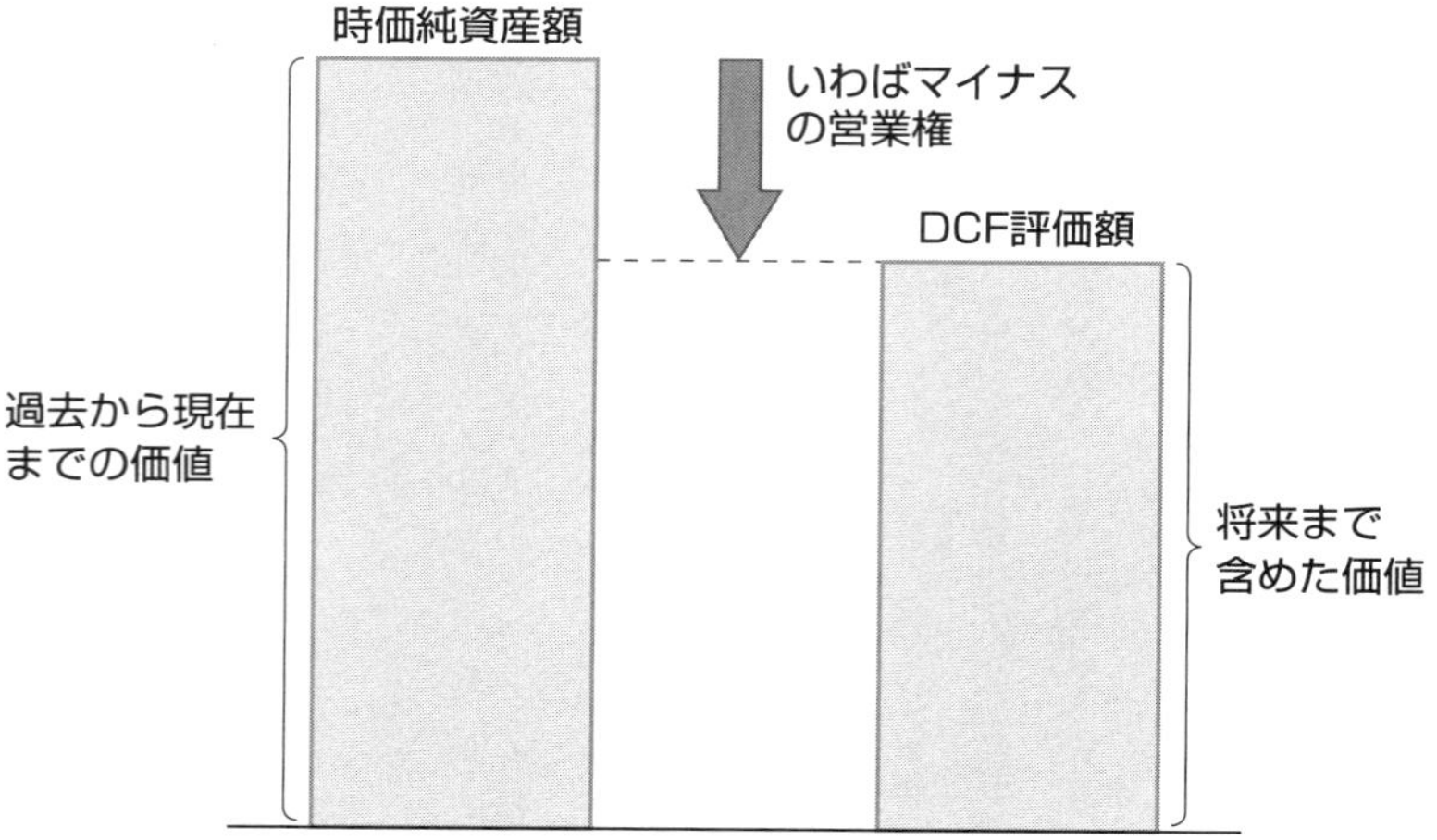

＝将来価値の上乗せ分と考えればよいでしょう。

◉――マイナスの営業権がつく場合もある

営業権が将来の価値を現したものと考えると、買い手にとってＭ＆Ａは、売り手企業の将来性を買うことですから、もともと時価純資産額＋営業権で売買されるべきです。実際、きちんと利益の出ている会社は、ＤＣＦ法で評価した株価が時価純資産額を上回るため、営業権をつけて売買価格が決定されるのが一般的です。

ところが、売り手の会社の中には、収益性が落ちてから売却を決断するケースが少なくありません。そうした企業では、ＤＣＦ法で評価すると、評価額が時価純資産額を下回ることになります。当然、この場合は営業権がつきません。

ここで注意したいのは、営業権がつかないだけでなく、時価純資産額よりもディスカウントしないと売れないということです。いわばマイナスの営業権を認識しないといけないのです。このことを知らず、会社を売却するときには必ずプラスの営業権が付くものという認識では、Ｍ＆Ａは成約しません。売り手は、まず自社が営業権のつく利益創出力があるかどうかを専門家に判定してもらいましょう。そして、売れるとしたらいくらが妥当なのかを客観的に把握すべきです。

オーナーの思いだけで価格は決まりません。売り手市場といえども、買い手の見方は厳しいのです。

ワンポイント・アドバイス

利益の出ていない会社は、時価純資産価額よりもディスカウントしないと売れない

3-4 小さくても高い値段のつく会社とは？

――「利益の原石」さえあれば、たとえ利益が出ていなくても売れる

◉――従業員2～3名でも億単位の値段がつく！

「うちのような小さな会社は売れるわけがない」――

こうお考えになる社長さんが数多くいます。この場合の判断基準は、売上高や従業員数といった会社の「規模」です。つまり、規模が小さい＝売れないと思い込んでいるのです。

ところが、従業員2～3名でも億単位の値段がつくことは珍しくありません。その場合の判断基準は何かというと、それは事業としての「価値」です。

では、事業としての価値は何によって決まるかといえば、その事業が生み出す利益の大きさによって決まります。もちろん、事業規模が大きければ大きいほど、絶対金額としての利益の額も大きくなるので、規模はそれなりに事業の価値と連動しますが、いくら売上高が大きい、あるいは従業員数が多くても、利益の出ない事業は価値がない、つまり、値段がつかないのです。

したがって、従業員が数名しかいない会社であっても、しっかりと利益が出る事業を営んでいれば、高い値段で会社を売ることができます。極端な場合、従業員がゼロであっても会社が都市部の不動産や特許で守られた有望な技術など、価値のある資産を持っていれば、会社に値段はつくのです。いわゆる不動産M&Aは、不動産を単体で売買するより、税務上のメリットがあるた

め、会社ごと売買しているのですが、これはその例といえます。

◉——利益が出ていなくてもあきらめるな！

利益の出る会社が価値ある会社と述べましたが、いま利益が出ていないといけないのかというとそうではありません。大切なことは「M＆A後に利益の出る見込みがある」ということです。ですから、今の会社のやり方では利益が出ていなくとも、買い手企業のノウハウやネットワークなどを活用してビジネスのやり方を変えれば利益が見込めるような場合は、その事業は「価値がある」ということになります。

要は、買い手が欲しがるような事業の要素、利益の原石を持っているかどうかです。それは一言でいえば、他社が簡単には手に入れることのできない強みを構築しているかどうかです。たとえば、有力企業との取引関係、独自の製法や技術、専門知識を有する優秀な社員、海外もしくは全国規模の販売・物流ネットワークなど、新規参入者が一朝一夕に構築することができないような資源です。

「うちにはこうした強みがある！」という会社には、かなりの確率で買い手候補が現れます。利益も出ていないし、他社にはない「強み」もない、自慢は従業員の真面目さだけという会社は残念ながら買い手はつかないでしょう。そうならないように、将来会社の売却を考えているオーナーは、ぜひ自社の強みを構築することを強く意識してください。

ワンポイント・アドバイス

規模が小さくても、他社にはない「強み」を持つ会社になる

3-5 債務超過の会社はどうしたら売れるのか？

高い営業権が見込めるか、事業の切り売りを考える

⦿──債務超過の会社はなぜ売れないのか？

基本的に、債務超過の会社は売れません。債務超過ということは、株主が出資した元手が食われてしまい、手元の資産を処分しても借金を返済しきれない、もっと言えば、潰すに潰せない会社ということです。

債務超過の会社がM＆Aで敬遠される理由は、「後で何が出てくるかわからない」という不安を買い手が抱くためです。帳簿には現れていない債務が出てくるのではないか、計上されている資産の価値がさらに下がるのではないか、顧客が流出して売上げが減るのではないかなど、会社の状況がさらに悪化することを懸念するのです。

なお、ここでいう債務超過とは、基本的に時価純資産での債務超過を指します。不動産や有価証券、ゴルフ会員権などは時価で評価し直したもの。また、売掛金や在庫などに不良資産があれば、それらを控除したうえでの時価ということになります。

⦿──債務超過の会社が売れる二つのケース

とはいえ、時価純資産ベースで債務超過であっても売る方法はあります。

一つは、営業権評価を加味して債務超過にしないという方法です。この章の3項目めで述べたように、会社が将来生み出す収益を加味したDCF法を用いて評価するのです。ただし、債務超過の会社は収益性が落ちているケースがほとんどですから、営業権がそもそもつかない、あるいはついてもわずかで、結局、債務超過が解消できないことがほとんどです。よほど強みのある資産や取引先などを持っていれば別ですが……。

もう一つは、事業の良い部分だけを切り売りするという方法です。会社まるごとは債務超過であっても、優良な事業資産や経営資源だけを取り上げれば、値段はつくものです。ただし、この場合は残った部分が問題です。良い部分を切り出してしまうのですから、残った会社の業績は余計に悪くなってしまいます。そのため、このケースでは残った会社は清算する、つまり潰すしか方法がありません。しかし、債務超過ですから簡単には潰せません。金融機関や仕入業者などの債権者に納得してもらう必要があります。そのため、多くの場合は法的整理を選択せざるをえなくなるのです。

残念ながら、債務超過の会社を売るにはこれくらいしか方法がありません。債務超過の会社はそう簡単には売れないのです。それは買い手の立場になれば自明です。大事なことは、業績が悪化する前に、少なくとも債務超過に陥る前に、M＆Aに向けて行動を起こすことなのです。

ワンポイント・アドバイス

債務超過の会社を売るのは容易ではない。そうした事態になる前に行動を起こす

3-6 不動産の値上がり見通しは考慮されるのか？

――不動産より事業そのものが評価の対象となることを忘れずに

◉――あらかじめ不動産鑑定士に鑑定を依頼する

「うちの会社の土地はこれから値上がりが期待できる。その分を買収価格にきちんと織り込んでくれ」――。不動産の好きな経営者は、自社の不動産価格に敏感です。ましてやM&Aともなると、自社の売却価格に不動産価値がきちんと反映されているか気にするものです。

M&Aにおいて不動産価値が反映されるのは、主に時価純資産法による評価においてです。そこで土地や建物などの不動産価値は、時価で評価されます。

問題は、ここでいう時価です。不動産の時価評価は、基本的には不動産鑑定士によります。簡便的に路線価や固定資産税評価額が使用されることもありますが、買い手の納得感を得るためにも、さらに買い手側に簡便的なやり方で低く評価されないためにも、売り手側の方であらかじめ不動産鑑定士による鑑定評価をしておくことをお勧めします。そして、その鑑定書は交渉の早い段階で買い手企業に提供し、企業価値算定に反映してもらいます。

不動産鑑定では、鑑定評価額について多少のさじ加減が可能です。そのため、売り手はできるだけ高めに評価するよう鑑定士に依頼するとよいでしょう。もっとも、このことは買い手企業もわかっていることが多いので、不動産価値が買収価格の焦点となる場合は、売り手・買い手双方で鑑定することもあります。

⊙——買い手は不動産には興味がない！

面白いもので、売り手企業の経営者は不動産の価格にこだわる方が多いのですが、買い手企業のほうはさほど執着がありません。なぜかといえば、買い手は不動産が欲しいのではなく、事業が欲しいからなのです。

ですから、買い手の不動産評価は非常にシビアです。たとえば、不動産に含み益がある場合、将来その土地を売却すると売却益課税が発生するため、評価上は税金分を差し引いて評価されることも珍しくありません。あるいは、事業用不動産の場合は、売却時に更地にするために建物の取り壊しが必要ですが、その費用相当額を減額評価されることもあります。

ここで、不動産評価で割り負けしない最良の方法をお教えしましょう。

それは、不動産はできるだけ事前に売却して現金化しておくのです。事業用不動産の場合は難しいかもしれませんが、可能なかぎり売却し現金化すべきです。そして売却した不動産を賃借するのです。現金であれば、割り負けする恐れはありません。

賃借料は税務上、損金算入できるため節税も可能となります。また、売却代金を借入金の返済に充てれば支払利息も減らすことができ、その分、利益が増えて株価も上げることができます。まさに一石三鳥です。少なくとも、遊休不動産は事前に売却しておくことをお勧めします。

ワンポイント・アドバイス

買い手は不動産にはあまり興味はないので、事前に売却して現金化しておく

3-7 関係会社があると評価はどうなる？

事業に関わりのある会社なら株式を時価に直すなどの作業が必要

◉事業に関係がある会社かどうかで対応は異なる

売り手企業に関係会社がある場合、一緒にM＆Aの対象とするかどうか、その扱いが問題となります。基本的には、事業に関係のある会社は対象とし、直接関係のない会社は対象にしません。たとえば、オーナーの資産管理会社や社長の趣味で始めたような事業会社は、M＆Aの対象にしないことが多いものです。

対象にしたい会社がある場合は、できるだけ早いうちに資本関係を整理しておくことです。関係会社の株式を売り手企業のオーナーや売り手企業が１００％保有していれば問題はないのですが、他の株主がいる場合はそれら株主との調整が必要になります。

関係会社との資本関係を整理するには、次のような方法が考えられます。

・本体と合併させてしまう
・関係会社を１００％子会社化する
・オーナーが１００％保有する会社にする

逆に資産管理会社など、オーナー家の会社として残しておきたい、売却したくないという会社がある場合は、本体と分離しやすいように資本関係や取引関係をできるだけ切り離します。

よくあるのは、資産管理会社やオーナー所有の不動産を本体に賃貸しているケースです。事業上必要な不動産であれば、本体に買い取らせることも検討すべきです。買い手にしてみれば、いつまでも前オーナーとの関係が切れないことを望みませんし、オーナーにとっても会社を売却した後も現在の賃料を維持できる保証はないため、Ｍ＆Ａ前に売却しておくほうが安心でしょう。

◉——事業に関係のある関係会社の評価方法

売り手企業が関係会社に出資している場合、売り手企業の貸借対照表には、投資有価証券などの勘定科目に関係会社の株式の金額が計上されています。会計上、関係会社の株式の簿価は取得金額のままになっているので、時価に置き換える必要があります。時価に置き換える方法は、時価純資産法などの方法で行います。

業績が好調な優良子会社がある場合は、その子会社の営業権の評価が重要なポイントとなります。株価評価担当者には、その点を十分に考慮するよう伝えておくことです。逆に、純資産の価値が小さく、影響があまりない場合や、関係会社の決算書が入手できない場合は、取得原価を時価とみなしてしまうこともあります。

やっかいなのは、他の関係会社や売り手企業との間で株式を持ち合っている場合です。持ち合いがあると循環計算になってしまうため、専門家に依頼しないと簡単には算定できないことがあります。なお、関係会社が債務超過の場合は、基本的にその株価はゼロ評価となります。

ワンポイント・アドバイス

関係会社をＭ＆Ａの対象とする場合は、事前に資本関係を整理しておく

3-8 役員退職慰労金を使い節税する方法は？

——退職金を上手に使えば手取額を増やせる

◉——役員退職慰労金を使えば節税できる

M&Aにおいて役員退職慰労金を有効に使うことで、売り手企業のオーナーはうまく節税することができます。これは役員退職慰労金にかかる税金*が、株式の譲渡益にかかる税金*よりも安いためです。

ここで計算例を見てみましょう。たとえば、資本金1000万円の会社の株式を2億1000万円で売却した場合を考えてみます（左ページ上表参照）。

個人株主が非上場株式を売却したときの譲渡益に対する課税は20%です。この場合、役員退職慰労金を利用しないと1億8000万円（＝株式売却額2億1000万円－取得原価（資本金）1000万円－譲渡費用2000万円）の株式売却益が出て、税金は3600万円、最終的な手取額は1億5400万円となります。

次に、役員退職慰労金を利用した場合を考えてみます。たとえば、役員退職慰労金を6000万円とし、株式を1億5000万円で売却するとします。

この場合、オーナーの勤続年数を30年とすると、オーナーの退職金6000万円の手取額は表中のように約5155万円です。これに株式譲渡1億5000万円の手取額1億6000万円を加

役員退職慰労金にかかる税金：
退職所得として、通常の給与所得よりも優遇されている。算定式：（退職金支給額－退職所得控除額）÷2－控除額×税率（5～40%。所得金額により異なる。累進課税方式）

株式譲渡益にかかる税金：
個人の場合は申告分離課税により、原則20%（所得税15%・住民税5%）。ただし、証券業者を通じて上場株式等の譲渡をした場合、平成20年末までは10%（所得税7%・住民税3%）という特例がある。

◆売却額2億1000万円、退職金なしの場合

（単位：千円）

a	譲渡収入		210,000
b	取得費（資本金）		10,000
c	譲渡費用（成功報酬）		20,000
d	株式売却益	a－b－c	180,000
e	所得税・住民税	税率20％	36,000
f	株式譲渡手取額	a－c－e	154,000

◆売却額1億5000万円、退職金6000万円の場合

（単位：千円）

			金額
A	退職金支給額		60,000
B	退職所得控除額		15,000
C	課税退職所得	(A－B)/2	22,500
D	所得税	税率40％（税控除：2,796）	6,204
E	住民税	税率5％	2,250
F	退職金手取額	A－D－E	51,546
G	譲渡収入		150,000
H	取得費		10,000
I	譲渡費用（仲介手数料）		20,000
J	株式譲渡益	G－H－I	120,000
K	所得税・住民税	税率20％	24,000
L	株式譲渡手取額	G－I－K	106,000
M	手取額合計	F＋L	157,546

えると、最終的な手取額は約1億5755万円となります。すべてを株式の譲渡とした場合の手取額が1億5400万円でしたから、退職慰労金6000万円とした場合のほうが355万円も多くなるのです。これが役員退職慰労金を活用した場合の節税額です。

一方、買い手にとってもメリットがあります。役員退職慰労金6000万円は売り手企業の経費として損金算入することができます。そのため、7年以内に6000万円の利益が出ることを前提とすると、6000万円×約40％＝2400万円の節税効果が期待できます。買収後の税負担が軽くなるという意味で、役員退職慰労金は買い手に

とってもメリットがあるのです。

◉――いくらまで役員退職慰労金を出せるのか?

役員退職慰労金はいくらでも出していいわけではありません。あまり出しすぎると税務上否認される恐れがあるため限度があります。一般的には次の算定式で計算されます。

役員退職慰労金＝役員最終月の月額報酬×役員就任年数×功績倍率

功績倍率は役員のランクやこれまでの貢献度によって異なります。一般的には社長の場合で2・5〜3・0倍くらいです。この公式に当てはめて計算した金額が、同規模、同業他社などと比較して過大でなければ税務上は問題ありません。

ただし、役員退職慰労金額を多くすればするほど最終的な手取額が多くなるわけではありません。退職金にかかる税金が安くなるのは退職所得を半分にして課税退職所得を計算するためですが、税率自体は株式譲渡益よりも高くなっています。そのため、ある一定の金額を超えると退職金を利用したほうが税負担が大きくなってしまいます。

実際にいくらの退職金を織り込むべきかは、税理士や仲介機関とよく相談して決めることが大切です。

ワンポイント・アドバイス

役員退職慰労金を活用して、売り手、買い手双方で節税メリットを享受する

3-9 株式譲渡と事業譲渡 節税に有利なのはどちら？

――売り手の株主にとっては株式譲渡のほうが有利

◉――株式譲渡の場合にかかる税金

いくつかあるM&Aの手法のうち、株式を売却する株式譲渡の場合、売り手の株主（個人）には、株式譲渡益課税（いわゆるキャピタルゲイン課税）がなされます。

株式譲渡益に対する税率は原則20％（所得税15％＋住民税5％）です。ただし上場株式については、平成20年12月31日までは10％（所得税7％＋住民税3％）の軽減税率が適用されます。

譲渡益は、譲渡金額から取得費（株式を取得した時の金額もしくは譲渡金額の5％）と譲渡費用を差し引いて計算されます。譲渡費用とは譲渡に直接かかった費用のことで、主に仲介機関への手数料が該当します。その意味では、仲介機関の手数料は経費として落ちるので、一定の節税効果があるといえます。

たとえば、非上場株式の譲渡金額が2億1000万円、資本金1000万円、仲介機関への手数料を2000万円とした場合（前項の上表参照）、譲渡金額2億1000万円―取得費1000万円―譲渡費用2000万円で譲渡益は1億8000万円となります。したがって、税金は1億8000万円×20％で3600万円となります。その結果、最終的な株主の手取額は、譲渡金額2億1000万円―税金3600万円―譲渡費用2000万円で1億5400万円となります。

なお、この譲渡益課税は申告分離課税となっているので、他の株式売買で損を出している場合は、損益通算することができます。たとえば、右の例でいえば（譲渡益1億8000万円）、売り手企業の株主が別の上場株式で1億円の含み損を抱えていれば、譲渡益は8000万円ですむことになります。このように、含み損を抱えている株式があれば、それを売却して損を実現することによって、意図的に節税することができるのです。

⦿──事業譲渡の場合にかかる税金

株式を売却する株式譲渡ではなく、事業を売却する事業譲渡の場合はどうでしょうか。前にも述べたようにこの場合は、売り手企業が買い手企業に事業を売却し、売却代金を売り手企業が受け取ることになります。お金は売り手企業の株主にではなく、会社に入ります。そのため、株主に還元するためには、配当という形をとるしかありません。

配当として還元した場合、株主には配当所得として通常の累進課税による所得税が課税されます。住民税も合わせた最高税率は50％ですから、株式譲渡益に対する課税と比較すると、ずいぶんと〝高くつく〟ことになります。

また、事業譲渡した売り手企業自身にも事業譲渡で譲渡益が発生した場合は、税金がかかります。たとえば、帳簿価格1億円の事業を1億5000万円で譲渡した場合、5000万円は譲渡益として特別損益に計上され、法人税の課税対象となります。これにより約40％の税金がとられることになります。そのうえで税引後の手取額を株主に配当として還元すると、今度は株主のほうで配当所得として所得税が課税されるわけですから、事業譲渡というのは多くの税負担が発生する手法であるといえます。

◆事業譲渡の場合の譲渡代金の流れ

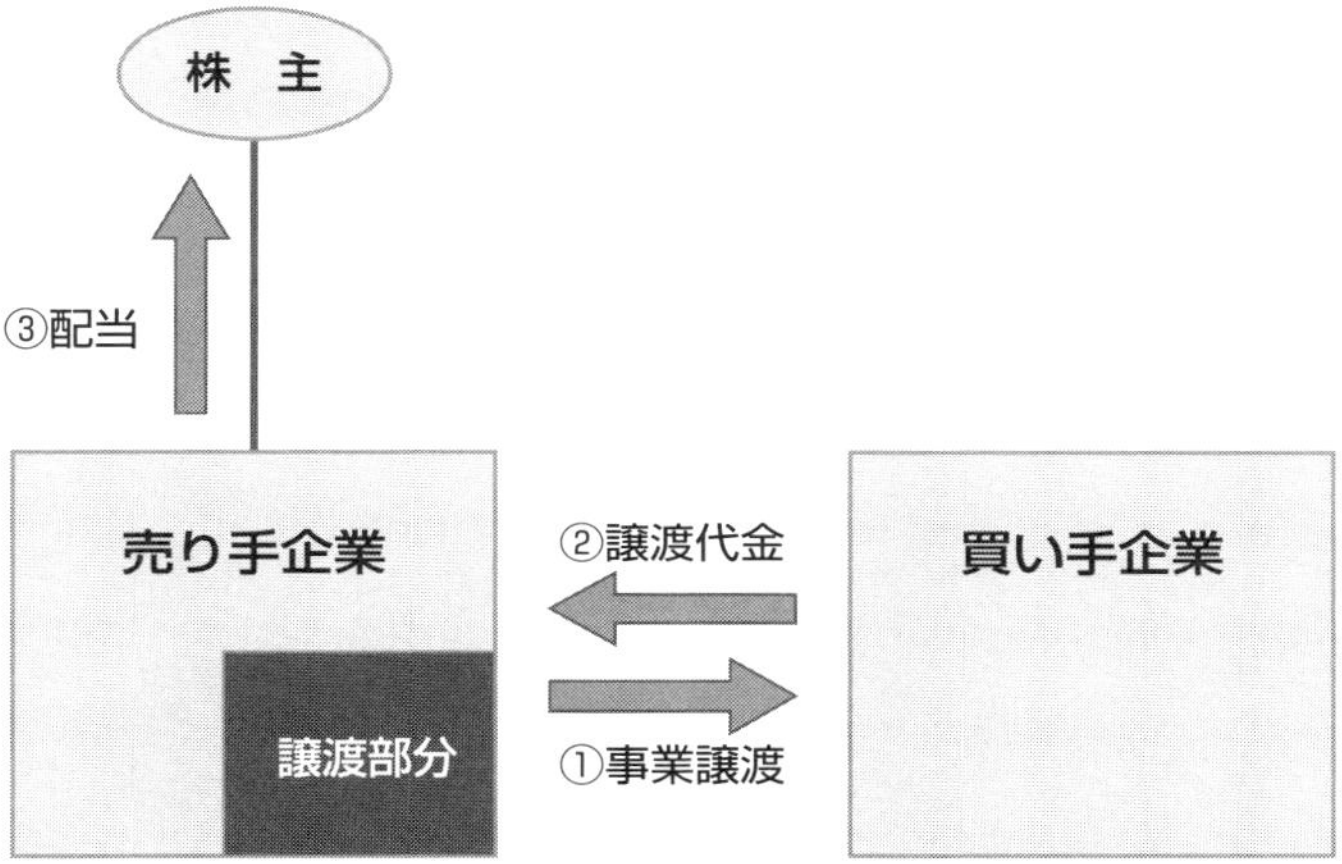

このため、手取額を多くしたいのであれば、基本的には事業譲渡ではなく株式譲渡による売却をお勧めします。

もし、事業の一部だけを売却したい場合は、分社化して分社した会社の株式を譲渡することによって節税を図ることも考えられます。ただし、分社化のスキームは複雑となるので、仲介機関とよく相談して進めることが必要です。

ワンポイント・アドバイス

売り手株主の税引後の手取額を多くしたければ、株式譲渡を活用する

【買い手の視点】

3-10 過去よりも将来の価値を重視する

——利益が出せる会社かどうかを見極める

◉——売り手は買い手にとっての価値を考える

価格が折り合わなければ、M&Aは成約に至りません。このため売り手にとって、買い手がどのようなことに着目して買収金額を考えるのかを知っておくことは重要です。

買い手が買収金額を考えるにあたりもっとも気にするのは、「売り手企業は買収後にどれくらいの収益を生み出すことができるのか」ということです。当然ですが、買い手は買収後にすぐに売り手企業を解体して資産を切り売りするようなことを前提としていません。いま持っている資産の価値がどれくらいあるかにはあまり興味がないのです。むしろ、これからどれくらいの収益を稼いでくれるのか、この会社を買収することによって、買い手企業にどのようなシナジー効果（相乗効果）が見込めるのかといった点を重視するのです。

そこで売り手にとって大事なことは、現在保有している不動産の価値がいくらあるのかといったことでなく、事業そのものの将来的なポテンシャルをアピールすることです。自社の持つ技術力、有力な取引先の成長性、従業員のスキル、特定分野や地域での高いシェアなど、他社にはない自社独自の強みを存分にアピールすることが重要なのです。

◉――売り手は増益にこだわる

いくら口で将来の成長性を主張しても、業績が右肩下がりでは説得力がありません。業績は右肩上がりの状態が理想です。少なくとも横ばいでないといけません。右肩下がりの会社は、放っておけばどんどん業績が悪くなって赤字に転落すると思われてしまいます。このような状態では将来性などアピールしてもむなしいだけです。営業権などつきません。ましてや、すでに赤字の会社は、売ることすら困難です。

減収であっても増益にこだわるべきです。売上げよりも利益が大事な時代です。売上げが下がり利益が減少しそうになったら、徹底的にコストを削減して利益にこだわる姿勢が大切です。節税対策などしている場合ではありません。M＆Aで高値で売りたければ、利益が大きいほうがいいのです。

「そもそも利益が出る会社であれば、他人に売る必要などない」――

しっかりした後継者がいる会社であれば、その通りでしょう。10年後、20年後を考えた場合、単独で生き残っていけるかどうか、長期的な視点で事業承継は考えるべきです。利益の出ているうちに、有利な条件で有力な企業の傘下に入る。あるいは経営統合して、さらに強力な経営体質を構築する――これは立派な経営戦略です。

過去よりも将来――M＆Aでは売り手も買い手もそのことを忘れてはいけないのです。

ワンポイント・アドバイス

買い手にとってM＆Aは、売り手企業の過去の資産ではなく将来性を買うこと

トピックス

上場企業に買収されるのは忍耐が必要!?

最近では非上場企業が上場企業に買収されるケースも増えています。実は売り手にとっては、非上場企業に買収されるのに比べて上場企業に買収されるほうが大変かもしれません。

というのは、上場企業は厳格な内部統制ルールが構築されており、意思決定までに何段階もの会議体で決裁を得る必要があるためです。非上場企業の場合、社長が即断即決で意思決定するというスピード感がありますが、上場企業、とくに一部上場などの大企業ほど意思決定に時間がかかります。しかも、大企業ほど関係者が多く、いろいろな意見が出てきます。反対する人が想定される場合は、反対されないように万全の準備をしなければなりません。とくに、取締役の数も多いため、社内での根回しにも時間がかかります。

こうした買い手企業内での根回しや意思決定の手続きは、買い手企業のスタッフが苦労するだけではありません。それは結局、売り手企業側にも降りかかってきます。

まず、徹底した買収監査（デューデリジェンス）が行われます。上場企業の場合、不特定多数の株主がいるため、いい加減なＭ＆Ａをやったとなると株主代表訴訟のリスクがあります。そのため、大手監査法人などによる徹底した監査が入ることも珍しくありません。そうなると、監査対応だけでも大変なものです。まず要求される資料の量がハンパではありません。細かい質問も多く出てくるため、それに対応するのは多大な労力がかかります。

また、買い手の社内の根回しや意思決定の準備のために、経営環境の分析や将来の事業計画の作成など、売り手企業側にも多くの資料作成の協力が依頼されます。

しかも、上場企業の取締役会など重要な意思決定会議は数ヶ月前にはスケジュールが確定されています。スケジュール上、柔軟な対応が困難です。そのため、うまくタイミングが合わないと、すぐに２週間〜１ヶ月くらい意思決定が先延ばしになってしまうこともあります。臨時取締役会を開くのはよほど重要な案件でもないかぎり難しいものです。

このように、上場企業（とくに大企業）に買収される場合は、彼らが要求する買収プロセスに合わせるために、売り手企業には多大な労力がかかるとともに、精神的にも強い忍耐力が求められることを覚悟したほうがよいでしょう。

たしかに、上場企業に買収されるのは大変なことですが、それだけに上場企業の傘下に入ることができたということは会社の信用力を大きく上げることになります。豊富な資金力を背景に、これまで単独では難しかった投資もできるようになります。また、売り手企業の従業員も、上場企業の仲間入りができたということで、きっと喜んでくれることでしょう。

上場企業への売却はハードルが高いですが、そのハードルを越えることができれば、輝かしい未来が待っているのです。

PART 2

より高く、スムーズに売るためのM＆A実践法

1-1
社長がいなくても会社が機能するようにする

——個人商店から経営組織への脱皮が求められる

◎——社長が引退できる条件

後継者不在によるM&Aの場合、売り手企業のオーナー社長は成約後に引退するのが一般的です。

ただし、それには条件があります。

社長がいなくなっても会社が機能する体制にしておくことです。社長がいないと営業がままならない、仕入先との交渉もできない——このようなことでは、とても引退はできません。

M&Aで売り手企業の社長が引退すると、通常は新しい経営者が買い手企業から派遣されてきます。会社の計数管理や資金調達など、経営の根幹に関わる部分は新しい経営者がやってくれるのでさほど心配はいりません。

問題は現場です。とくに創業社長の場合、現場を知り尽くしているため、これまで何かと口出しをしたり、現場の第一線に立ったりと、社長の陣頭指揮のもと現場が回っていたことでしょう。これがそのまま放置されているようでは、社長は簡単に引退することができないはずです。

◎——どうやって会社が機能するようにするか？

社長がいなくても現場が機能するようにする手っ取り早い方法は、社長が現場に出ないことです。

会社にいると、社員も社長を頼りにしてしまうので、出社する日数を週2日に減らしたという経営者もいました。社長がいなければ、社員も社長をあてにしなくなります。そうやって現場が自立していくように仕向けたのです。

また、職務権限表を作成して、これまで社長が最終的

◆職務権限表のイメージ

職務内容	社長	常務	部長	課長
事業計画の作成	○	△		
資金調達（銀行折衝）	○	△		
新規取引先の決定		○	△	
販売目標の設定			○	△
給与水準の改定	○	△		

○＝決裁者、△＝起案者

に決裁していたものを、できるだけ幹部社員に委譲した経営者もいました。職務権限表という形で明確化し、それを会社のルールとして全社的に明示するとともに、組織的な取り組みとして運用するようにしたのです（上表参照）。これにより、個人商店的な経営体質から組織経営へと脱皮が促進されました。

中小企業では、社長の存在は大きなものです。社長も自分がいなければ会社は回らないと自負していることでしょう。たしかにその通りなのですが、ことM＆Aにあたっては、そのことが逆に障害にもなりうるのです。

会社を売却することを決断した経営者は、速やかに、自分がいなくなっても会社が機能する体制の準備に取りかからなければならないのです。

ワンポイント・アドバイス

売却を決意したら、自分がいなくなっても会社が機能する体制づくりをめざす

1-2 自社独自の強みを手に入れる

――いま強みがなければ計画を立てて獲得をめざす

◉――あなたの会社にオンリーワンはあるか?

現在のM&A市場は、圧倒的な売り手市場です。つまり、買いたいという会社は山ほどあるのに、売りたいという会社は非常に少ない状況です。

にもかかわらず、実際に売れる会社は、ごくわずかです。ということは、売りたいのに売れない会社がたくさんあるということです。

それはなぜでしょうか?

売れない会社の原因は、その会社にオンリーワンがないからです。その会社にしかない魅力、強みがないからです。

中小企業のM&Aであっても、買収金額は数千万円から数億円になります。買い手企業からすれば、大きな投資です。それだけに、投資額を回収できる見込みのある魅力が必要なのです。

◉――"老舗"だけでは強みにならない

「御社の強みは何でしょうか?」

私は売却を希望する会社の経営者に必ずこう質問します。すると、次のような答えがよく返ってきます。

「う～ん、この地区で40年以上も商売をしてきた歴史かな……」

「うちの自慢は、真面目な従業員かな。みんなよく働きますよ」

「お客さんの要望に迅速に対応できる、小回りが利くことかな」

経営者の口から出る言葉がこのような答えだと、「当社には強みがない」と言っているのと同じです。残念ながら、老舗であることは強みではありません。大事なことは、長い歴史の中で培われてきた技術力やシェア、ブランド力、そういったものがあるかどうかなのです。歴史だけでは利益を上げることはできないのです。

「誇りだけでメシが食えますか？」

NHKドラマ『ハゲタカ』で主人公の鷲津政彦が業績不振の会社の株主に訴えるシーンがありましたが、まさにそのとおりです。

⦿——どんなオンリーワンを目指すべきか？

多額の資金を投じてまで相手に欲しいと思わせる魅力、あるいは強みには、次のようなものが挙げられます。

・製造・加工に関する高い技術力
・市場で認知されているブランド力
・全国規模あるいは海外で展開されている店舗網
・新規に取引開始が困難な優良企業との取引口座
・特定製品分野もしくは地域での高い市場シェア
・特定分野で新規取得が困難な許認可

これまでにM＆Aが成立した中小の売り手企業のほとんどは、このいずれかの特徴を兼ね備えています。こうした強みを持っている会社は、たとえ収益力が落ちていても買い手に「どうしても欲しい」と思わせるため、それなりの価格がつくのです。

もし、現時点でこうした強みがない場合は、どうすれば手に入れることができるか、中長期的な計画を立てて取り組んでいきましょう。

一朝一夕にこうした強みを構築することはできません。場合によっては、強みのある会社を買収することもあるかもしれません。実際、売りを考えていた会社が、買いに転ずることもよくあるのです。

後継者がいないだけでは会社は売れません。他社が欲しがる魅力が必要なのです。

ワンポイント・アドバイス

他社が欲しがる魅力を手に入れるためには、買収も一つの手段となる

1-3 株主をできるだけ減らしておく

——M&Aに支障がないよう名義株の処理と自社株買いを進める

◉——なぜ株主を整理する必要があるのか？

すでに述べたように、中小企業のM&Aでは株式譲渡が基本です。株式譲渡のメリットを再度述べると、株主が売却代金を直接手にすることができる、法的な手続きが簡素である、売却後も会社が残るなどが挙げられます。

ただし、一つだけ厄介なことがあります。

それは「株主から個別に同意をもらって株を売ってもらわないといけない」ということです。一人ひとりの株主に対して、株を売ってくれるよう説得しなければならないのです。

しかも基本的に、買い手企業は100%の株式取得を希望します。少数株主が残ってしまうと、その後の経営がやりにくいためです。

とはいえ、中小企業のM&Aでは、買い手側が売り手企業の株主と直接交渉することはありません。では、誰が売り手企業の株主の説得を行うのかというと、売り手企業の経営者が行うことになります。そのため、株主の説得に時間がかかったり、失敗するようだと、M&A自体が成約しない可能性も出てきてしまいます。

そうならないように、売り手企業としては事前に株主を整理しておくことが重要なのです。

◉——まず、名義株を整理する

まず整理しておきたいのは、いわゆる名義株です。

名義株とは、名義上は株主となっているものの、実際は出資金を払い込んでおらず、名前だけ貸している株主名義の株式を指します。

このような株式がなぜ存在するかというと、平成2年改正前の商法では、株式会社の設立には最低7人の発起人による株式の引受けが要求されていたからです。その要件を満たすために、真の出資者が他の者から名前を借りて会社を設立するということが行われていたのです。

名義株は、このように会社の設立時に発生したために、場合によっては何十年も放置され、株主すらその存在を忘れてしまっているケースもあります。

しかし、M＆Aをするとなると、この名義株の存在が大きな問題となってきます。なぜなら、M＆Aは株式そのものを取引する行為ですから、名義株をそのまま放置しておくと、名義を貸しただけの人が、譲渡代金を受け取るということになってしまうからです。

たとえば、真の株主はオーナー一人だったとしても、名義株が発行済み株式数の20％あったとすると、オーナーは80％分しか譲渡代金を受け取ることができません。全体の譲渡代金が2億円だとしたら、黙っていると4000万円は名義株主のものになってしまうのです。もちろん、これではオーナーは納得できません。そのためにも、事前に名義株を処理しておくことが必要となるのです。

名義株を整理するには、次ページの図のような念書を名義株主からとって、株主名簿を書き換えます。単に株主名簿を書き換えるだけではダメで、自筆のサインと実印の押された念書が必要です。

ただし、もし、名義株主といえども、過去に配当や株券を渡していたら、もはや名義株主ではなく真の株主として扱われることになります。名義株の整理には名義株主に対して過去に配当を支払ったことがないこと、株券を渡していないことを確認する必要があります。

◎──少しずつ株式を買い集める

名義株のほか、親族や従業員などに分散した株式を、折にふれ買い集めておくことも必要です。自社で買い取る資金的な余裕があれば、自社株買いを行って金庫株として保管しておきます。買い集めのタイミングとしては、株主が亡くなった時や従業員の持株であればその従業員が退職した時など、節目となるタイミングを逃さずに買い集めることです。何でもないときに、いきなり「株を売ってください」というと怪しまれるので注意が

◆念書の例

（実質株主名）
殿

名義株主であることの覚書

平成　年　月　日

私は、株式会社□□□□の記名式株式○○株の株主となっておりますが、実際払込みはすべて貴殿が行っており、私は何ら金銭的出資をいたしておりません。また当該払込金額相当額または株式を貴殿より贈与を受けたものでもありません。

よって私は当然のことながら同社の株主としての権利の行使はいたさず、何時でも貴殿が同社の株主名簿の株主名義を本来の権利者である貴殿名義に一方的に自由に変更請求されましても、決して異議を申しません。

（名義株主）

住　所
氏　名　　　　㊞（実印）

必要です。

ただ、すでに相続で子供などに株が分散している場合は、株主の会社に対する思い入れもあまりないことから、資本政策の一環という名目で一度売却を打診してもよいでしょう。

⊙―株券の回収も忘れずに

株主から株を買い戻す際、株券を発行していた場合は必ず株券を回収しなければなりません。株券の受渡しのない株式譲渡は、法的に効力がないからです。もし、株券を株主が紛失している場合は、会社法上の株券喪失の手続きが必要です。

売り手企業は株券の所在にも留意しなければならないのです。

ワンポイント・アドバイス

株主を事前に整理しておくことで、スムーズなM&Aが可能となる

1-4 節税をやめて利益を出す

――内部留保を厚くして株価を上げる工夫をする

◎――株価を上げる手立てを考える

事業承継対策というと、相続税対策を思い浮かべる経営者は多いことでしょう。

「業績を上げれば上げるほど、株価が上がってしまう。すると、息子への株の承継がどんどん難しくなる。相続税を払うために頑張っているわけではないのに……」

こう嘆く経営者は少なくありません。オーナー一族で安定した経営権を確保し、会社の永続を重視することは中小企業では大事なことです。そのため、スムーズな株式の承継のために、株価をできるだけ低くして税負担を抑えようとするのは正しい姿勢です。

株価を低くするには、会社に利益が残らないようにするのが一番ですから、たとえばオーナー一族ができるだけ多くの役員報酬をとる、生命保険に加入する、オペレーティング・リースなどの金融商品を購入するなど、さまざまな工夫をしていることでしょう。

これまで何度か触れてきたように、オーナー一族に株式を承継する場合は、株価を低く抑えることは理にかなっています。しかし、第三者に株式を譲渡するM&Aの場合は、まったく逆の発想が求められます。

M&Aで会社を売却したければ、節税をやめて利益を出し、少しでも株価を上げなければなりません。株価が高いということは、会社が高く売れるということです。

利益の出ている会社は、M&Aでは良い会社と捉えられます。利益の出ている会社にはたくさんの買い手候補が現れるのです。

◉――できるだけ内部留保を厚くする

一方、節税ばかりして会社に利益を残していない会社は、売却金額が低くなりがちです。

なぜかというと、節税ばかりしてきたために会社に利益の蓄積が薄く、時価純資産価額が低くなってしまうからです。すでに説明したとおり、中小企業の値段は、時価純資産価額がベースとなります。これが低いのですから、高い値段がつかないのは無理もありません。

ここで数字を置いて考えてみましょう。

たとえば、会社の時価純資産価額が3000万円、経常利益1000万円の会社があるとします。役員報酬は社長と奥様で6000万円もとっています。この場合、一般的な役員報酬額を3000万円として再計算すると、本来の経常利益は4000万円出ることになります。買い手候補が評価した営業権が仮に本来の経常利益の3年分の1億2000万円とした場合、時価純資産価額と合わせた買収希望提示額は1億5000万円ということになります。

ところが、毎年6000万円も報酬をとっていた社長からすると、「何十年も苦労してきたのに、それが3年足らずの報酬分では納得できない」となるわけです。最低でも5年分、つまり売却希望額は3億円ということになり、買い手提示額との間に倍の差が出てしまいます。買い手候補から見ると、「純資産が3000万円しかない会社が10倍の3億円なんてありえない」ということになり、これではとても交渉はまとまりません。

このように、節税ばかりして会社に利益を残してこなかった会社は、経営者の思うような価格では売れないと考えたほうがよいでしょう。高く売りたければ、利益を出して内部留保を厚くしなければなりません。

ワンポイント・アドバイス

高く売りたければ役員報酬を下げて利益を出す

【買い手の視点】

1-5 買収した会社へ派遣する経営者をどうするか？

――売り手・買い手ともに経営者人材の育成が大切

◉――買い手側も人材不足

事業承継型のＭ＆Ａでは、Ｍ＆Ａ後に売り手企業の社長は引退します。そのため、売り手企業内に経営を任せられる人材がいない場合は、買い手側が経営者を派遣しなければなりません。

実際、売り手企業内に経営を任せられる人材がいることは稀です。そもそも社内に経営者候補がいないから、Ｍ＆Ａという選択肢をとったのでしょう。結局、買い手企業から経営者を派遣することになるわけです。

ところが、中小企業のＭ＆Ａでは買い手側もさほど大きな会社ではないことも珍しくありません。年商数億円の会社を、年商20～30億円の中小企業が買収するということもしばしばです。業績好調で資金力があっても、人材不足に悩んでいる中小企業は多いものです。これは企業買収をするような会社であっても例外ではありません。

◉――派遣する経営者をどうするか？

企業買収をしたければ、買った会社をマネジメントできるような人材を日頃から育成しておかなければなりません。カネだけではＭ＆Ａはできません。ヒトも必要なのです。

しかし現実は、経営者人材がまだ育成できていない状態で案件が持ち込まれ、成約してしまうこともあります。こうした場合はどうすればよいのでしょうか？

現実的には、次のような対応が多く見られます。

①買い手企業の社長が兼務する

実際、買い手企業の社長が買収した会社の社長を兼務することは多く行われています。この場合、たいていは非常勤での社長ということになるため、常勤のナンバー2（副社長や専務クラス）が必要です。

ナンバー2は、売り手企業内の幹部社員でまかなうこともありますし、買い手企業から派遣することもあります。売り手企業側の人材にナンバー2を任せる場合は、

◆買い手企業の社長が兼務する経営体制（例）

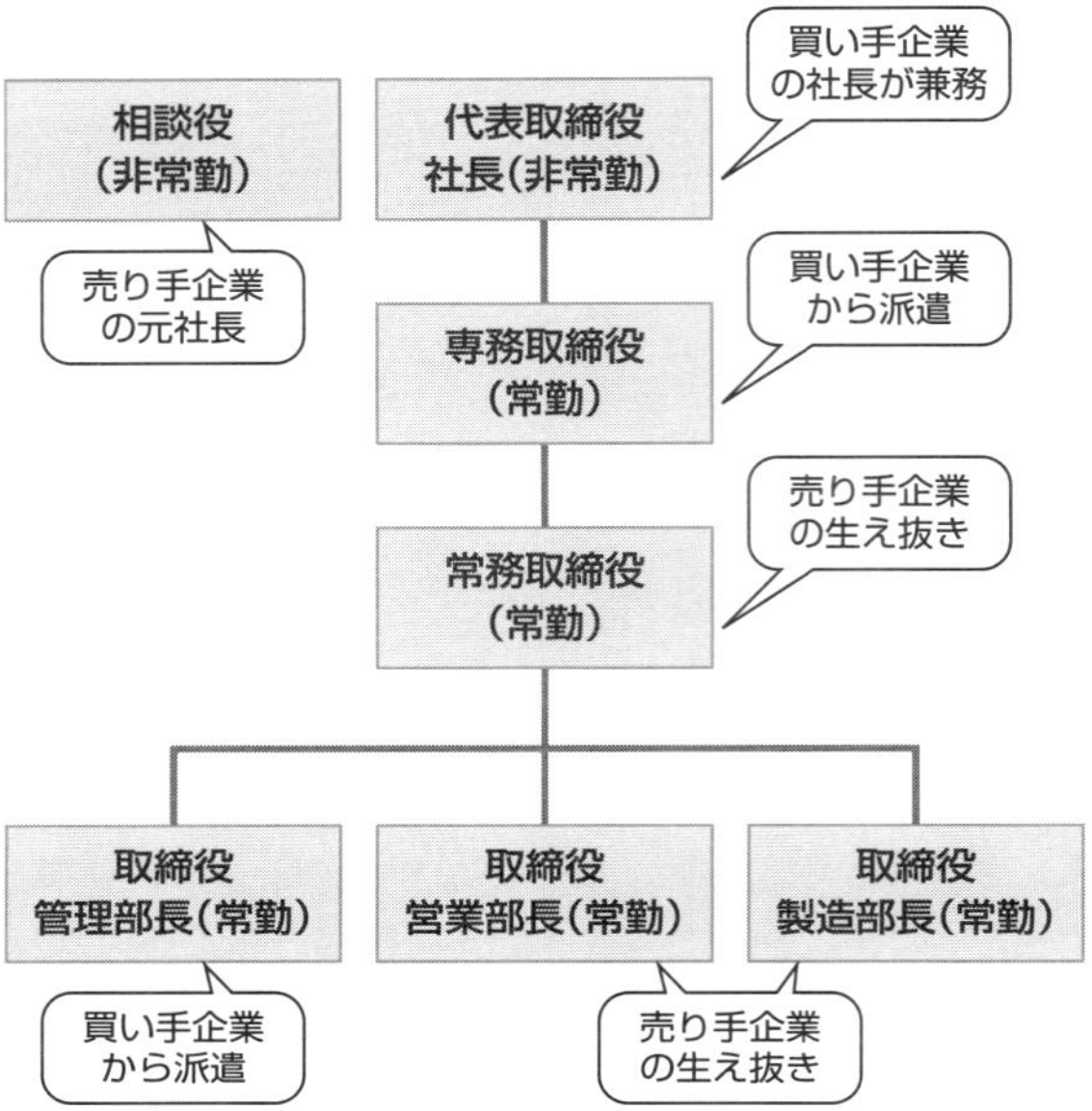

別に常勤の役員クラスを1名買い手企業から派遣することが一般的です。

社長はいくら非常勤とはいえ、買収直後は頻繁に買収した会社に顔を出す必要があります。とくに、業績不振企業を買収した場合は、企業再生を行わなければならないため、半年くらいは常駐するくらいの覚悟で取り組む必要があります。

②ヘッドハンティングで外部から連れてくる

買収ファンドが行うように、売り手企業の業界に精通した経営者を、ヘッドハンティング会社を通じて外部から連れてくるという方法です。あるいは、買い手企業の社長の人脈を通じてヘッドハンティングして連れてくることもあります。

業界に精通した人材を外部から調達することができれば、買い手企業としても安心です。買い手企業からは管理部門のスタッフなど、最低限の常勤人材の派遣と非常勤での取締役就任ですむこともあります。あとは、定期的な経営会議や業績管理レポートなどを通じて、買収した企業の経営管理を行っていくことになります。

この場合の留意点は、外部から連れてきた経営者が買

収した企業の従業員のハートを掴んで、うまく経営の舵取りができているかを注意深く監督するということです。

ヘッドハンティング会社には、経営者になりたいという大手企業出身の人材が数多く応募してきますが、そうした人たちに経営者としての素質が本当にあるかどうかは未知数です。とくに、大企業と中小企業とでは、従業員と経営者の距離感が違います。現場にも目線を落とし、従業員のハートを掴める人間性が求められるのです。その意味では、ヘッドハンティングによる経営者の外部調達はリスクの高い方法かもしれません。

◎——優秀な幹部人材が売り手企業を守る

買い手企業もそのような状況ですから、できるだけ売り手企業の幹部人材を有効に活用したいと考えます。オーナー社長は引退しても、現場を切り盛りしている幹部クラスには全員残ってもらって、これまで同様に活躍してもらいたいというケースがほとんどです。

その意味からも、売り手企業でもある程度経営を任せられる幹部人材を育成しておくことが大切です。

しっかりした幹部社員がいれば、買い手企業からも、ある程度の経営の自主性を認められるでしょう。それにより自社のアイデンティティも守ることができます。これまでの仲間が幹部として引き続き活躍している姿は、売り手企業の従業員に勇気と希望を与えます。

そうした幹部人材がいない場合は、買い手企業による支配が強まります。そうなれば、売り手企業のアイデンティティは徐々に失われてしまいます。売り手企業の従業員からすれば、会社は乗っ取られたと感じられるかもしれません。

売り手企業にしっかりした幹部人材がいれば、売り手・買い手双方にとってM&Aがうまくいく可能性が高まるのです。

売り手企業の経営者は、M&Aを決断したときから幹部人材の育成に取り組まなければなりません。

ワンポイント・アドバイス

売り手企業の社長引退後の経営を任せられる人材の育成は、売り手・買い手双方にとってM&Aを成功させるカギとなる

2-1 どうやって買い手候補を探すのか？

自分で探せなければ仲介機関をうまく利用する

自社にふさわしい相手先を探すには、大きく二つの方法が考えられます。

①自らの人脈から探す

売り手オーナーの知っている会社の中から相手先を探すという方法です。実際に、私のところに相談に来られたオーナーが、買って欲しい企業名を自ら口にすることは珍しいことではありません。

「売り手企業の成長につながる相手か？」
「従業員は喜んでくれるか？」
「しっかりした経営基盤のある会社か？」

こうした視点から、候補企業を口にする経営者が多いようです。

ただ、経営者が自ら探すとなると、どうしても同業者ばかりが頭に浮かんでしまいます。たしかに、M&A後

◎――買い手探しの方法

現在は圧倒的な売り手市場ですので、買い手探しはやりやすい状況にあります。利益のきちんと出ている会社や強みのある会社であれば、売りたいと手を挙げれば、すぐにでも買い手希望者が何社も名乗り出てくることでしょう。

とはいえ、大々的に「うちの会社を誰か買ってくれませんか？」とアピールするわけにはいきません。そんなことをしたら、取引先や従業員に不安を感じさせ、大変なことになります。あくまでも秘密裏かつ慎重に相手探しをしなければなりません。

会社を売ろうと考えた場合に、誰に売るかは非常に大きな問題です。単なるモノの売買と違い、値段さえ合えば誰でもいいというわけにはいかないのです。

のシナジー（相乗効果）を考えると、同業者のほうがよいようにも思えます。共通する部分が多いためです。

しかし、共通する部分が多いということは、いざM&Aが成約した後に、その共通する部分は削られてしまうリスクがあるということです。たとえば、総務や経理などの間接部門や営業所・工場が重複した場合は、いずれも合理化の対象となります。

このように、同業者というのはリストラの影がチラつくため、経営者としてはなかなか決断がしにくいかもしれません。

さらに、心当たりのある買い手候補が見つかれば自ら打診してもよいのですが、断られたときのことを考えると直接は言いづらいことも多いようです。

その場合は、仲介機関やメインバンクなどを通じて間接的に打診してもらいます。間接的な打診なら、最初は売り手企業名を明かさなくても大丈夫です。買い手候補企業と取引関係があるなど、緊密な関係にある場合は、こうした間接的な打診のほうが望ましいでしょう。

②第三者に相手を探してもらう

いろいろなしがらみから、経営者自らが買い手候補を探すのが難しいとなれば、第三者に相手を探してもらうことになります。実際、買い手候補を探してもらうには、M&Aの仲介機関に頼むのが基本です。

たとえば売り手企業のメインバンクがM&Aの仲介を行っていれば、まずはメインバンクに相談してみましょう。銀行はなんといっても数多くの取引先があることが強みです。最近は地銀や信用金庫でもM&A業務を積極的に手がけるようになっているので、相談してみる価値は十分にあります。

顧問税理士に相談をする経営者も多いようですが、相手探しをするには幅広いネットワークが必要です。最近は税理士事務所でも全国的なM&Aの情報ネットワークに参加している場合もあるようです。そうした情報を持つ税理士事務所を選びましょう。

仲介機関（金融機関を含む）に相手を探してもらう場合は、同業者以外でシナジーが見込める相手を探してもらいます。自社では思いつかなかったような相手を提案してもらえることが仲介機関を使うメリットだからです。

また、仲介機関に相手探しを依頼する場合は、遠慮せ

◆買い手候補への打診方法

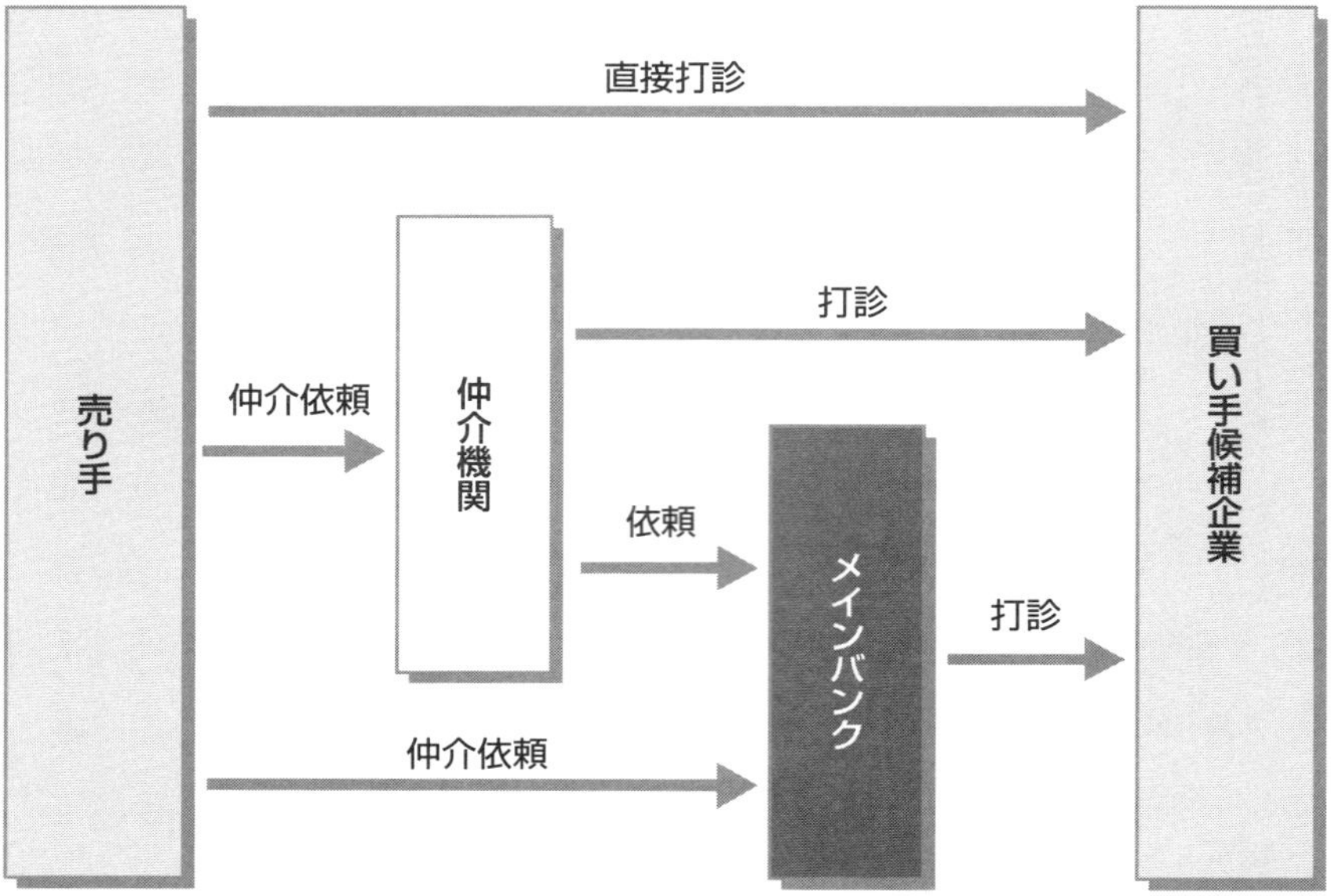

ずに希望条件を出しましょう。

売却希望額はもちろん、相手先の規模や事業内容、所在地など、希望条件をどんどん提示します。希望条件が明確であればあるほど、仲介機関は相手先を探しやすいからです。希望条件に合う相手が見つからなければ、条件を緩めればよいのです。

今は圧倒的な売り手市場ですから、まずは強気で相手探しをしてもよいのです。

ワンポイント・アドバイス

仲介機関への依頼では買い手候補への希望条件は遠慮せずにどんどん出す

2-2 仲介機関や専門家の選び方

――信頼でき、自社のすべてを託せる機関と人物を選ぶ

◉――仲介機関の役割

M&Aでは買収価格の算定や交渉、基本合意、買収監査や最終契約など、多くの面で専門的な知識が必要とされます。当事者だけでM&Aを円滑に進めることはできません。

M&Aをスムーズに進める行司役となるのが、仲介機関です。仲介機関が果たす役割には、次のようなものが挙げられます。

・M&Aの進め方についての全般的なアドバイス
・M&Aの相手先探し
・売り手企業の企業価値算定
・相手企業との交渉への立会い・アドバイス
・買収監査の実施支援
・契約書や覚書など、法定書類の作成支援
・調印式やクロージングの段取り

このように、仲介機関はM&Aを成約に導くために全面的なサポートを行います。

◉――仲介機関の選び方

M&Aの仲介機関としては、①大手証券会社、②メガバンク、③地方銀行、④M&A専門会社、⑤コンサルティング会社などがあります。

これらの中で、中小企業の場合、一部のメガバンクや大手証券会社では、報酬の面から対応してもらえないケースもあるようです。その場合は、中小企業を中心に活動しているM&A専門会社、地方銀行、コンサルティング会社などに相談するとよいでしょう。

仲介機関選びのポイントは、報酬体系と担当者との信

頼関係です。

報酬体系は仲介機関によってマチマチです。基本的には、着手金と成功報酬の2本立てになっており、うち成功報酬は成約金額の大きさに応じて料率が設定されています（次項参照）。

仲介機関によって、着手金の金額や成功報酬の料率、最低報酬金額が異なるので、自社の規模に合った仲介機関を選択することです。大手の仲介機関ほど、最低報酬のラインが高く設定されているようです。

また、仲介機関の担当者の経験や人柄も重要です。いくら大手の仲介機関といえども、中小企業のM&Aを担当するのは1名です。その担当者とは頻繁なやりとりが発生します。依頼人と担当者との信頼関係はM&A成約にとって不可欠な要素です。

その担当者の助言を素直に受け入れることができるかどうかは、まさに信頼関係の問題です。自社のすべてを託せるほどの担当者か――こうした厳しい視点で人物を選ぶことです。

◎――会計士と弁護士の選び方

会計士と弁護士もM&Aでは不可欠な専門家です。会計士は売り手企業の買収監査を担当し、弁護士は買収監査のほか、基本合意書や最終契約書など契約書の作成に関与します。なお、中小企業のM&Aでは、会計士や弁護士も仲介機関がアレンジすることが一般的です。

もちろん、顧問の先生を起用してもよいのですが、M&Aに精通していないと適切な助言が得られません。誰でもM&Aに関する作業を行えるとはかぎらないのです。

その意味からも、仲介機関が連携しているM&Aに精通した専門家を起用することが無難でしょう。

ワンポイント・アドバイス

会計士や弁護士も仲介機関でアレンジしてもらうのが無難

2-3 仲介機関へはいくらぐらい支払うのか？

——着手金と成功報酬の2本立てで支払う

◎——着手金と成功報酬の2本立て

仲介機関への報酬は、一般に着手金（リテイナーフィーともいう）と成功報酬の2本立てです。

着手金は、アドバイザリー契約を締結した時点で一括して支払うタイプのものと、毎月支払うタイプのものとがあります。一括して支払うタイプのものは、中小企業のM＆Aであれば100万〜300万円が目安です。毎月支払うタイプでは月数十万円が目安です。

着手金は、相手探しや企業価値算定など、初期の活動費に充てられます。仲介機関としては、正直なところ、着手金だけではとても採算に合いません。それでも着手金を要求するのは、依頼者のM＆Aに対する本気度を確認する意味合いもあるのです。

着手金は、仲介機関によって、成功報酬の内金として扱われるケースと、そうではないケースがあるので、最初によく確認しておきましょう。内金として扱われる場合は、成功報酬から着手金相当額が差し引かれることになります。もっとも、着手金は最終的に成約に至らなくても返却されませんのでご注意ください。

◎——成功報酬の留意点

成功報酬は、文字どおりM＆Aが最終的に成約した時点で支払うものです。そのため、成約に至らない場合は支払う必要がありません。金額は、成約金額に応じて決められるのが一般的です。

たとえば、126ページ図の報酬体系の例でいえば、成約金額が3億円の場合、2億円×8・4％＋（3億円―2億円）×6・3％＝2310万円となります（8・4％

◆仲介機関の報酬体系の事例

〈着手金（消費税別）〉

譲渡企業の簿価総資産額	手数料
10億円以下	100万円
10億円超50億円以下	200万円
50億円超	300万円

〈成功報酬（消費税別）〉　（レーマン式）

成約金額（役員退職金支給額を含む）	手数料率
２億円以下の部分	８％
２億円超５億円以下の部分	６％
５億円超10億円以下の部分	４％
10億円超の部分	２％

※成約金額には役員退職金等を含みます
※着手金相当額は成功報酬より控除しません
※最低成功報酬は1,000万円（税別）です

の０・４％分、６・３％の０・３％分は消費税）。成約金額に対して掛け合わせるレートが段階的に異なる報酬体系はレーマン式と呼ばれ、多くの仲介機関で採用されています。

ただし、仲介機関によって成約金額と掛け合わせのレートは異なるので、契約時にはよく確認しておくことが大切です。

たとえば、成約金額が株式の売買金額とするケースがあったり、売買金額に有利子負債（役員退職慰労金も含む）を上乗せするケースもあります。掛け合わせるレートも、８％から逓減させるケースや５％から逓減させるケースなど、これもマチマチです。

仲介機関が売り手側のアドバイザーとなる場合は、売却金額が高くなるほど成功報酬も高くなるので、仲介機関と売り手の利害は一致するため問題はありません。ところが、買い手ともアドバイザリー契約を結ぶ場合は、買い手にとっては買収金額は低いほうがよいのですから、仲介機関と利害が対立することになります。そのため、このようなケースでは成功報酬を一定額に固定することもあります。

また、最低報酬金額が設定されていることも一般的です。中小企業向けのM＆Aを中心に行っている仲介機関であれば、最低報酬金額は１０００万円に設定しているところが多いようです。ちなみに大型のM＆Aを中心に扱うメガバンクや大手の証券会社などでは、数千万円から数億円と非常に高額となっています。これもまた、最初の段階で仲介機関にしっかりと確認しておくことが大切です。

◉——報酬は誰が支払うのか？

使用するM＆A手法によって誰が報酬を負担するかが変わるため、注意が必要です。

もっともよく行われる株式譲渡の場合は、報酬を支払うのは株主です。なぜなら、株式の売却代金を受け取るのも株主だからです。もちろん、報酬は大株主だけが負担するのではなく、全株主が平等に負担します。

ただし、株主が分散している場合、少数株主の中には、「自分が仲介機関を雇ったわけではないのに、なぜ手数料を負担しなければいけないのか。そんなもの会社で支払うべきだ」と主張する人も出てくることがあります。それでも、基本的には株主で平等に負担しなければならないことを大株主は説得する必要があるのですが、どうしても納得してもらえない場合は、その人だけ株価を調整する（つまり株価を下げる）、あるいは大株主がその人の分の手数料を負担するなどの調整をすることがよくあります。

事業譲渡の場合は、事業を売却するのが株主ではなく会社であるため、売却代金を受け取るのも会社です。したがって、成功報酬を支払うのも会社です。

売却代金を受け取る者が取引の手数料としての報酬を支払うということは当たり前なのですが、とくに株式譲渡の場合に、株主自身が支払うことを認識していない人もいるので注意が必要です。

ワンポイント・アドバイス

報酬体系は仲介機関によって大きく異なるので、事前に確認しておく

2-4

こんな相手を買い手に選んではいけない

――経営理念に共感できない会社、一部門しか必要としない会社など

⊙――買い手にふさわしい相手とは?

自慢の娘を嫁に出すのに、卑屈になる親などいません。同じように会社を売るのに、何も卑屈になることはありません。これまで育ててきた会社を譲るのにふさわしい相手なのか、しっかりと見極めましょう。

今は、優良な売り手が買い手を選ぶ時代です。破綻企業でないかぎり、売り手のほうが立場は強いのです。

売り手が買い手を選択するうえでもっとも重要な着眼点は、「自社の事業とのシナジー効果が大きいかどうか」です。

シナジー効果とは、技術、商品、販路、人材など経営資源を共有することにより、1+1を3以上にするような相乗効果のことです。大きなシナジー効果が見込める相手なら買収価格も高くなります。

シナジー効果の大きな相手を見極めるポイントとしては、自社と同じあるいは関連する事業を行っていること、それでいて取扱商品や顧客、営業エリアに重複が少ないことなどが挙げられます。

売り手企業の経営者としては、買い手が自社のどの経営資源に魅力を感じているか、どのようなシナジー効果を得ようとしているのかを買収交渉の中でしっかりと確認することが大切です。

⊙――こんな相手を選んではいけない!

逆に、選んではいけない会社とは次のような会社です。

①経営理念や経営姿勢に共感できない会社
②売り手企業の一部分しか必要ないと考えている会社
③買ったあとのビジョンが明確でない会社

まず、①の売り手の経営者から見て、買い手の経営理念や経営姿勢に共感できない会社だと、買収された後に売り手企業の従業員が大変な苦労をすることが予想されます。企業文化が合わないからです。

たとえば、地元密着で堅実かつ誠実な商売をモットーに掲げてきた老舗の企業が、業績拡大主義の会社の傘下に入った場合、営業姿勢の大幅な転換を迫られる可能性があります。業績拡大と効率を第一に掲げられ、営業所網を減らされて、これまでのきめ細かな営業ができなくなる恐れもあります。それでも、新たな強みが生まれて利益が増えればよいのですが、営業方針の転換により取引先が流出し、利益が減ってしまうようでは最悪です。

このようなことが起きないよう、買い手の経営理念や経営姿勢をきちんと見極め、自社の従業員や取引先にとって有益な相手なのかを中長期的な視点に立って判断しましょう。

また、②の売り手企業の一部分しか必要ないと考えている相手も、できれば避けたいところです。なぜなら、買い手は買収後に不要な経営資源を容赦なく切り捨てる可能性があるからです。

たとえば、「商品ブランドと販路は欲しいが生産設備は不要」という買い手であれば、工場は閉鎖され工員はリストラされるかもしれません。交渉の段階で売り手がそれを承知のうえで売却に応じるのであればいいのですが、買い手の意図を知らずに売ったとなると、後々問題が生じる恐れがあります。

もし、一部しか必要ないという相手に会社を売るのであれば、残りの部分は別の会社に売れないかを検討しましょう。工場だけなら買いたいという買い手が現れるかもしれません。

とくに、複数の事業を営んでいる会社であれば、一括して買ってくれる相手を探すほうが難しいものです。会社内に複数事業部門を抱えている場合は、あらかじめ分社化しておけば、売却もスムーズに行うことができます。今すぐ会社を売却しなくとも、将来的にM＆Aを考えるのであれば、今のうちから事業組織を分割しておくことをお勧めします。

さらに③の買った後に売り手企業をどのように活用したいのか、どのように経営したいのか明確な意思や方針が感じられない相手にも、会社を売るべきではありません。

投資家からの目が厳しい上場企業の中には、とりあえず連結売上高を増やすためにＭ＆Ａすること自体が目的になっている会社がたまにあります。そうした会社には注意が必要です。また、買った会社の自主性を重んじるといえば聞こえはいいのですが、実態は買いっぱなしで放置され、売り手企業としてもシナジー効果が実現できず、大手企業の傘下に入ったメリットがないケースも珍しくありません。

そうした会社の場合は、経営者が変わると方針が変わり、再度売却される恐れも出てきます。親が次々に変わるようでは、取引先や従業員にとって望ましくありません。そうしたことのないよう、買い手側の買収後の意思やビジョンをきちんと確認することが大切です。

⦿――会社を成長させるＭ＆Ａを志向しよう

会社を売ることは、決して後ろめたいことではありません。「Ｍ＆Ａ＝身売り」というイメージは、もはや時代遅れです。売れる会社を残せたということは成功者の証であり、誇るべきことです。株式譲渡は株式公開と同様の経済的効果がありますが、成功者の証という意味でも両者は同じ効果を持っているといえるでしょう。

ぜひとも前向きな気持ちで〝会社を成長させるためのＭ＆Ａ〟を志向して欲しいと思います。

買い手には将来性があり、経営基盤のしっかりした会社を選ぶべきです。そして買い手の成長に便乗するのです。資金力のある会社に買収されれば、単独ではできなかった設備投資や教育投資もできるようになるかもしれません。信用力が増せば、人の採用も格段にしやすくなるはずです。

また、そうした相手であれば、役員や従業員、取引先からもＭ＆Ａに対する理解を得られやすくなります。

このように、売り手であっても〝攻めのＭ＆Ａ〟という発想が大切なのです。

ワンポイント・アドバイス

今は売り手が買い手を選ぶ時代。売った後も会社の成長が実現できる相手を選ぶ

2-5 知り合いの会社を選ぶときの注意点

――知り合いこそがもっともシビアな評価を下すことを忘れない

◉――知り合いだからといって過度な期待はしない

この章の最初の項で、買い手探しを自分の人脈から探すことについて触れました。最近、こうしたケースが増えているので、もう少し詳しく述べてみます。

私のところへも、「相手先はすでに決まっているが、具体的な話し合いはこれからなので支援して欲しい」という依頼が増えています。

知り合いの会社が買い手候補だとしても、基本的には買い手側を評価する基準は変わりません。つまり、買収後にシナジー効果が見込めることがもっとも重要な視点であり、経営理念や経営姿勢に共感できなかったり、買収後のビジョンが見えない場合は、やはり相手先として望ましいとはいえません。

相手が知り合いの会社の場合に注意すべきことは、「甘えてはいけない」ということです。つまり、過度な期待を持ってはいけないということです。

たとえば、価格。「先方はうちの会社のことをよく理解してくれているから、きっと営業権もきちんと評価してくれるだろう」とか、「多少は甘めに会社の価値を評価してくれるのではないか」といった期待は禁物です。

むしろ、その逆だと覚悟すべきです。

私の経験では、知り合いといえども、売り手企業に対する見方はシビアです。自社の内部まで知られているからこそ、ハッタリが通用しないということもあります。あるいは、買い手も過度な期待や幻想を抱かないため、厳しい評価を突きつけてくるといってもよいでしょう。

ですから、知り合いの会社の場合は、最初は話を持ちかけやすい代わりに、交渉はむしろハードになると考え

◆知り合いであっても、買い手の見方は厳しい

きっと高く評価してくれるだろう
当社の将来を託したいのですが……
前向きに検討します
かといって、我が社にプラスにならない条件では引き受けられないが……
買い手経営者
売り手経営者

るべきです。

◉——知り合いだからこそ、第三者を立てる

知り合い同士のM&Aで難しいのは、交渉が開始されてからです。たとえこれまで信頼関係のあった会社同士であっても、いざ価格交渉が始まると、完全に利害が相反する立場での交渉となるため、話し合いが冷静に進まないケースも多いのです。相手に対する思い入れがあるだけに、理屈よりも感情が先走ってしまうのです。

それでも、最終的に話し合いがまとまるのであればいいのですが、結局、感情的なシコリを残したまま交渉も決裂したとあっては、その後の関係維持も難しくなります。とくに、取引関係のある先であればなおさらです。

ですから、知り合いの会社同士のM&Aこそ、第三者的な立場のアドバイザーや仲介機関を立てて交渉を行うことをお勧めします。

ワンポイント・アドバイス
知り合いの会社だからこそ第三者の仲介機関を入れて交渉する

【買い手の視点】

2-6 いきなりの買収が難しければ、資本業務提携から入る

――段階を踏みながら買収するM&A手法もある

この場合、いきなり「おたくの会社を売ってくれませんか？」というのは、買い手としてもかなりの覚悟が必要です。相手が気分を害して、最初から断られては交渉にもなりません。

そこで、まずは「一部出資させて欲しい」という、資本業務提携の提案がよく行われます。資本業務提携とは、単なる業務提携にとどまらず、一部出資を伴う提携関係のことを指します。将来のM&Aへの発展を意図する場合は、買い手側が一方的に出資するケースが多いのですが、対等な立場での経営統合を模索する場合は、お互いに出資して持合関係を築くケースもあります。

資本業務提携は、単なる業務提携よりもお互いの〝本気度〟が違います。単なる業務提携の場合は、いつでも関係を解消することができますが、出資を伴う資本業務

◉――いきなり「会社を売ってくれ」とは言いにくい

最近は待っていても良い売り案件はなかなか出てこないため、待つのではなく、自ら案件を発掘しようとする買い手企業が増えています。案件を発掘するとは、買収を仕掛けていくことです。

案件を発掘するために、買い手は具体的に次のようなステップを踏みます。

①魅力的な技術や経営資源を持ったターゲット企業を数十社ピックアップする

②さらに魅力度やM&A実現度からターゲット企業数を絞り込む

③ターゲット企業に提示する買収提案の内容を準備する

④ターゲット企業へ接触してM&Aの意向確認を行う

提携の場合は、解消するにも株式の売却を伴うため、そう簡単にいきません。もちろんメリットもあります。出資した側にとっては、相手先の業績が向上すれば持株が上がることになりますし、出資を受けた側にすれば、実際に資金が入ってくるので、その資金を投資などに使うこともできます。

このように資本業務提携は、業務提携に比べ、出資した側も受けた側も提携関係を有効に活用しようというインセンティブが働くため、提携の成果を実現しやすいというメリットがあるのです。

出資比率は、相互持合いの場合は数%と少ないのが一般的ですが、買い手が将来の買収を意図する場合は、最低でも持分法適用会社となる20%以上、できれば株主総会で拒否権を発動できる34%以上とします。

◉──資本業務提携の提案に乗るべきか?

もし資本業務提携の提案を受けた場合は、まず相手の本当の意図を確認することが重要です。つまり、将来のM&A(買収)を視野に入れたものであるかどうかということです。仮にM&Aを前提とした提案である場合は、慎重に出資比率を検討すべきです。34%以上の出資を受け入れた場合、経営の自由度を制限されてしまう可能性があるのです。

そのため、将来的に提案者とのM&Aが不安に感じられる場合は、少なくとも33%以下に押さえておくべきでしょう。そして、1~2年一緒にやって相手との〝相性〟を確認したうえで、さらに出資比率を上げる、もしくは傘下入りすることを決断すればよいのです。

いきなり会社を売ってしまうことに抵抗があったとしても、資本業務提携によって一定期間〝おつき合い〟したうえで、〝結婚〟にふさわしい相手かどうかを見極めることは、お互いに有益なことです。その意味では、こうした提案をしてくる先は、真剣かつ慎重にM&Aを考えていると思ってよいでしょう。ですから、こうした会社に対しては感情的に反応するのではなく、冷静かつ誠実な態度で対応するように心がけてください。

ワンポイント・アドバイス

資本業務提携を提案してくる会社は、真剣かつ慎重にM&Aを考えている

実録コラム② 株主と経営者の対立で事業承継に失敗

Y社は、大手量販店向けのPB商品の開発・販売に強みを持つ中小の製薬会社ですが、この会社の最大の悩みは、株主と経営陣の対立でした。

あるとき、Y社の過半数の株式を保有していた創業オーナーが急逝し、奥様が会長となり株式を相続しました。実際の経営のほうは、創業当初からオーナーの右腕であった専務が承継し、社長に就任しました。その2年後、奥様は認知症にかかり、会長職を引退。そこからこの会社の悲劇が始まりました。

というのは、奥様の後見人となった税理士が、大株主の権利を振りかざして経営にいろいろと口出しを始めたのです。

「自分を取締役にして、毎月○○万円の報酬を支払え」

「株式譲渡制限をはずすよう定款変更しろ」

「前会長（奥様）に○百万円の退職金を支払え」

ついには「現社長は引退して社長交代すべきだ。ただし、個人保証はそのままにしてくれ」とムチャクチャな要求まで飛び出す始末。

会社側としても奥様の後見人からの要求を無視するわけにもいかず、要求が出るたびにその対応に追われました（結果的に、この後見人は非常勤の取締役に就任しました）。

その後、奥様が亡くなり、2人の弟さんが株式を相続しました。奥様の後見人だった税理士は、この2人にもうまく取り入って、相変わらず大株主気取りで会社にあれこれと要求をぶつけてきます。

たしかに、創業オーナーの急逝と奥様の認知症という不運が重なったことが、この混乱の原因であったといえますが、もし奥様が認知症になる前に相続した株式を速やかに会社や経営陣に買い取ってもらうなどの対応をとっていれば、このような不幸は避けられたはずです。

〝所有と経営の分離〟というと聞こえはよいのですが、非上場の中小企業が株主と経営者を分離した状態にしておくと、株主と経営陣との間で、この事例のように後々経営権をめぐる争いに発展する恐れがあります。

ですから、中小企業においては、経営者が株式の過半数（少なくとも3分の1超）を保有するようにして、〝所有と経営を分離させない〟というのが事業承継の基本です。人の心は変わります。とくに、相続などで人が入れ替わってくると、当事者の心境の変化は必ずといっていいほど起こります。

人の心に左右されにくい安定した経営体制を築くことも、事業承継の重要な課題なのです。

3-1 M&Aの交渉に臨む際の心構え

――相手の立場を考え、隠し事は通用しないと考える

◎――お互いに相手の〝人となり〟を知る

M&Aの交渉といっても、中小企業の場合は、敵愾心むき出しの交渉という雰囲気ではありません。上場企業に見られるような敵対的買収ではなく、友好的なものとして進められるケースが多いからでしょう。

イメージとしては結婚相手とのお見合いのようなものです。ですから、まずは「相手の人となりを知る」という姿勢で交渉に臨むことです。

もう少し具体的にいうと、買い手企業の経営者の人柄や経営に対する考え方、社風、それに経営ビジョンなどを把握したうえで、自社（売り手企業）を買収した後にどのような展開を考えているかを、できるだけ具体的に聞き出します。

一方、自社のことも相手に理解してもらうことが大切です。

つまり、売り手企業の経営者としての考え方、自社の特徴や社風などについて、相手にわかりやすくアピールするのです。

M&Aは、売って終わりではありません。売った後が会社にとっては大事なのです。将来この会社の傘下に入って、本当にうまくやっていけるのか、会社は成長していけるのかを見極めましょう。

とくに、初顔合わせの時は、相手に対して好印象を持てるかどうかが、最初のハードルです。これは現場での裏話ですが、売り手と買い手のアドバイザーは、初顔合わせのときの双方の印象を非常に気にします。そのため、初面談後、すぐに連絡を取り合って相手に対する印象を確認します。そしてお互いに好印象であったとわか

れば、ほっと肩をなでおろすのです。

⦿——相手の立場で考えてみる

M&Aの交渉で、最初の論点となるのは価格です。売り手・買い手双方の希望価格がいくらなのか、交渉で折り合いがつく可能性があるのか、そのあたりの腹の探り合いから交渉は始まります。

その際、まず大切なことは、相手が主張する価格の背景にある考え方を理解することです。会社の値段は一物一価ではありません。売り手と買い手では立場が逆ですから、会社の価値についてまったく別の見方がされることはむしろ当然です。

一般に買い手は、投資する立場として経済合理的に価格をはじき出しますが、売り手はそうではありません。オーナーとしてのプライドや引退後の生活のこと、株主への説得なども価格を導く根拠の一部となっています。

売り手について言えば、買い手の提示する価格の背景にある考え方を理解したうえで、どこまで歩み寄れるかを検討していくことが大事です。

双方の希望価格の差は、声の大きさで埋まるものではありません。お互いの考え方に対する理解で埋めていくものです。そのためには、相手の立場で考えてみるという姿勢が求められます。

⦿——隠し事をしない

隠し事をしないという姿勢も売り手にとって大事なことです。たとえ隠し事をしたところで、いずれわかってしまうからです。

M&Aでは必ず買収監査（デューデリジェンス）が行われます。買収監査とは、売り手企業に隠れた問題がないかどうかを、会計士や弁護士が数日間にわたり調査することです。隠し事をしても、ある程度のことは明らかとなります。

もっとも、意図的に隠そうと思えば、買収監査で見つからないようにすることも可能です。たとえば、他社の債務を保証していたとしても、「そんなものはありません」と言い切ってしまえば、証拠書類が出てこない限りわかりません。

しかし、債務保証していた会社が倒産した場合、債権者から返済を迫られた時点で、その事実が判明することになります。この場合、売り手は責任を免れません。最終契約書では簿外債務がないことを表明・保証し、それが偽りであった場合は、その損失を補償しなければならないことを約束させられるからです。

売り手企業は買い手企業のものになるのですから、いつまでも隠し事が通用しないことは明らかでしょう。交際相手に隠し事をして結婚しても、いずれはボロが出るのと同じです。後でトラブルとならないためにも、交渉段階では隠し事はせず、求められた情報は素直に提供しましょう。

逆に、情報を隠そうとする相手に対して、買い手側は不信感を抱くものです。

「知られてはまずいものがあるから、隠すに違いない」そう考えるのは、当然です。不信感を抱いた相手と結婚する人はいません。M&Aの場合も、成約に至ることはないのです。

⦿——テイク・アンド・ギブの精神で

交渉に一人勝ちはありません。交渉では、まずはお互いがどうしても譲れない条件について合意を形成し、次にそれ以外の条件は相手の要望にできるだけ応える形で譲歩するという「テイク・アンド・ギブ」の姿勢が、交渉をスムーズに進めるコツです。

たとえば、買い手は価格が絶対条件で、売り手は売却時期と従業員の雇用が絶対条件であったりします。この場合、双方の絶対条件が異なることに着目し、お互いの絶対条件を満たせるようなＷＩＮ・ＷＩＮの交渉を心がけることが成約へのポイントとなります。

ワンポイント・アドバイス

双方が譲れない条件の合意をしてから、それ以外の条件に取り組むとよい

3-2 複数の買い手に条件を競わせる際の留意点

――失礼な打診の仕方にならないよう仲介機関をうまく使う

◉――オークション（入札）形式による会社売却

すでに述べたように、今は優良な売り案件には、買い手が殺到する状況ですから、少しでも有利な条件を引き出すために、複数の会社から条件を出させることを考えましょう。いわば入札形式の採用です。

M&Aにおける入札では、ほかにどのような会社が名乗りを上げているかを開示する必要はありません。ほかにも買い手候補がいることを相手に意識させられれば十分です。それを知ると、本当に欲しいと思う買い手は、何としても買収したいという気持ちが高まり、最大限の条件を提示しようとするからです。

オークション形式のM&Aは、次のような流れで行われます。

①買い手候補を募る
②買い手候補から意向表明書を提出させる
③もっとも望ましい相手先を選んで優先交渉権を与える
④交渉
⑤基本合意
⑥買収監査（デューデリジェンス）
⑦最終契約
⑧クロージング

通常の相対によるM&Aとの違いは、複数の会社から意向表明させるという点です。交渉相手を1社に絞り込んだ後のプロセスは、通常のM&Aと同様です。

◉――オークション形式では打診の仕方に注意する

オークション形式のM&Aでもっとも注意すべき点

は、買い手候補の探し方です。私は仲介機関を使うことをお勧めします。なぜなら、売り手が自ら買い手候補に声をかけると、失礼な打診の仕方になるケースが多いからです。

「当社を買収する気はありませんか？　ただし、ほかの会社にもあたる予定ですので、買収を希望する場合は意向表明をしてください」

これでは、「買いたければ、少しでも高い条件を出しなさい」と受け取られても仕方ありません。取引関係のある会社であれば、以後の取引にも影響が出ることも考えられます。大企業同士のドライなＭ＆Ａであれば、こうした打診の仕方でもよいのですが、中小企業のＭ＆Ａでは好ましくありません。

これが仲介機関を使えば、だいぶ印象の違った打診の仕方になります。たとえば、取引銀行にＭ＆Ａの仲介を頼んで、買い手候補を探してもらう場合、銀行は次のような打診をするでしょう。

「この会社が売却を考えています。ただ、すでにほかにも買いたいといっている会社が数社あるのですが、御社はこの会社の買収に興味がありますか？　もし、ご興味があり、意向表明をしてもらえれば、御社も買い手候補となれますよ」

本当は売り手が銀行に依頼して、その買い手候補に打診したのだとしても、買い手からすると銀行が持ち込んできた案件のような印象になるので、失礼な感じを与えることはありません。

また、実際、仲介機関は多くの買収希望会社と接触しているので、売り手企業だけでは知らない買い手候補もたくさん知っているはずです。その意味からも、仲介機関を起用したほうが、良い買い手候補を見つけられる可能性が高くなるのです。

ただし、買い手候補は多ければ多いほど良いというわけではありません。なぜなら、買い手候補が多いと、それだけ情報漏洩の危険性が高まるからです。このため、意向表明させるのは2～3社程度に絞ることをお勧めします。

ワンポイント・アドバイス

有利な条件を引き出したければ、オークション形式でのM&Aを検討する

3-3 少しでも高く売るためにはどうしたらよいか？

――高く評価してくれる会社、異業種企業などから探す

逆に言えば、買収にそれほど意欲的ではない相手に対して、高く評価してもらおうとあれこれ理屈を並べたところで、買収金額を上げることはできません。強気で価格交渉に臨んでも、「そんなに高いのでしたら買収できません」と、あっさり断られるのがオチです。

逆に、どうしても買収したいという意欲のある買い手の場合は、評価は甘くなりがちです。いざとなれば、理屈では説明のつかない高値であっても、買い手企業のオーナーの鶴の一声で買収が決まることもあります。

このように、会社の価格は流動的です。高い価格で売りたければ、買収に熱心な相手を選ぶことです。

◉――多角化を目指す異業種企業を選ぶ

人口減少時代に突入し、あらゆる業界で市場が成熟化

◉――自社を評価してくれる会社を選ぶ

ぜひとも覚えておいて欲しいのですが、小手先の交渉術で売値を大きく吊り上げることはできません。M＆Aの価格は、基本的に交渉術の問題ではないのです。

会社の価格は一物一価ではありません。相手によって、会社の価値は大きく異なります。このことは、大変重要な意味を持っています。つまり「高く売りたければ、高く評価してくれる相手を選ぶ」ことが必要なわけです。

自社を高く評価してくれる会社は、交渉の最初の段階で、比較的簡単に見極めることができます。

一般に、買収金額の高さは、買いたい気持ちに比例しますから、買収にかける相手の情熱の大きさを見れば、高く評価してくれているかどうかが判断できるのです。

しています。そうしたなか、今の事業だけを続けていてはジリ貧となってしまうという危機感から、関連事業への進出や多角化を目指す企業が増えています。その多角化の手段として、M&Aを行う企業も増加しています。

そこで、売り手としては、同業者よりもそうした多角化を目指す企業を買い手としてアプローチすることをお勧めします。

このような買い手候補は、自社でその事業を始めた場合にかかるコストと時間との比較で、買収金額を考える傾向があります。たとえば、「今から自社でこの事業を始めて売り手企業の規模まで成長させるには、最低10年はかかる。コストは5億円以上かかるかもしれない。だとすると、今、この売り手企業を4億円で買収することは合理的な判断ではないか」というような感じです。

他業界の会社で、自社がこれまで取り組んできた業界に進出したいと考えている会社からすれば、多少、自社の業績が悪くても、垂涎の的かもしれません。そうした相手を探してもらうよう仲介機関に依頼しましょう。そうした相手は必ずしも同業者ではありません。そのため、売り手自身の情報網や人脈では限界があります。仲介機関をうまく活用するのです。

⦿――買い手の期待感を高める

買い手にとってM&Aは純投資行為です。投資額は、期待されるリターンによって決まります。

ここで重要なことは、リターンとは期待値だということです。

期待値ならば、これから先も安定的に利益が出る、さらに利益が増加するという期待感を、買い手に抱かせられるかがポイントです。当然、買収後も利益が上がる会社であれば、それだけ評価額は高くなります。

少しずつでも毎期増益となっていることは大きなアピールポイントとなります。減益となっていても、それが節税対策によるものなど事業以外の意図的な理由によるものであればさほど問題はありませんが、印象の良いものではありません。やはり多くの利益の出ている会社こそ良い会社という印象になります。

業績が右肩上がりになっていれば、営業権を高く評価してもらえます。M&Aにおける営業権の本質は、「会社の将来価値を表したもの」であるからです。

◆右肩下がりの会社

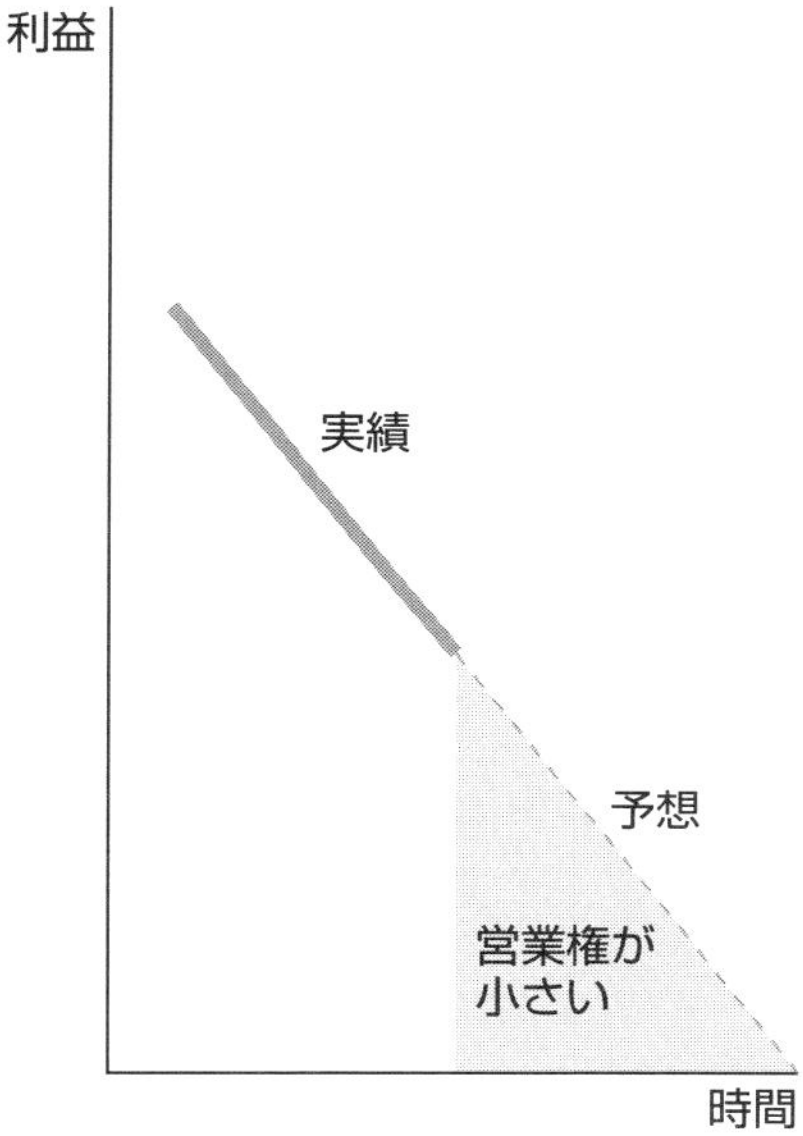

◆右肩上がりの会社

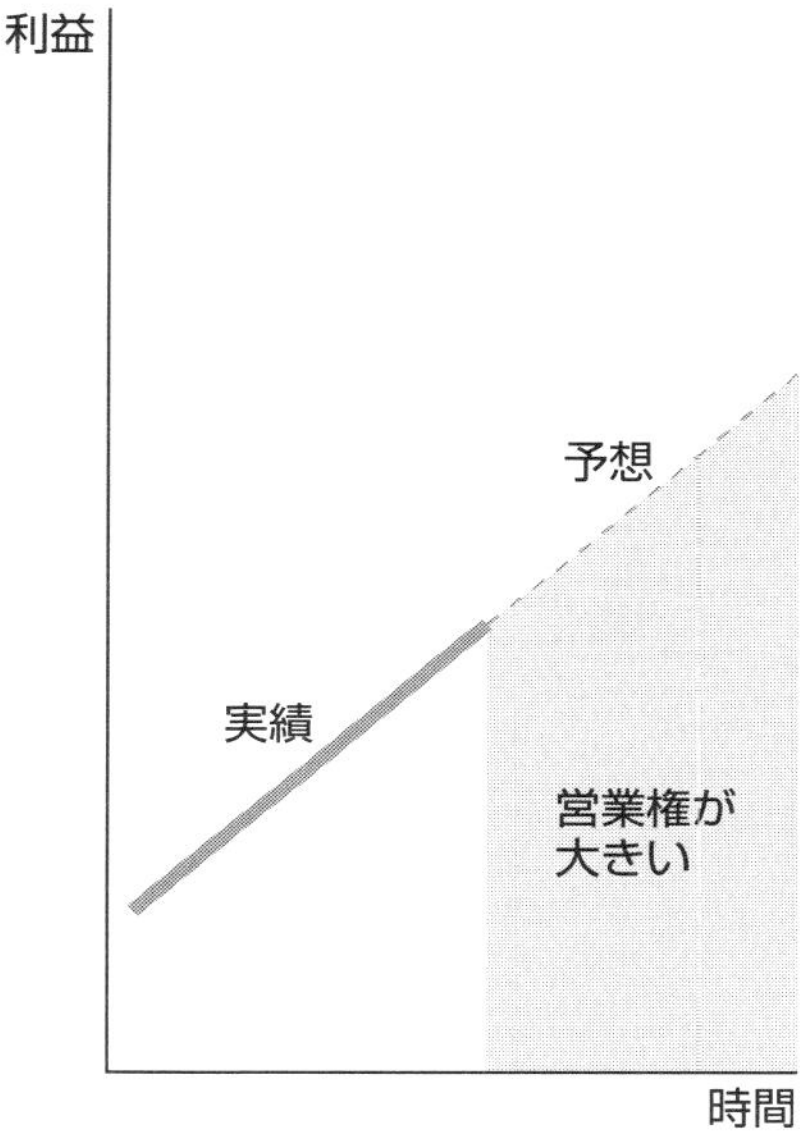

M&Aで会社を高く売りたければ、利益が出ていることが大前提です。さらにいえば、増益傾向となっていることです。そうすれば、高い評価額を期待できます。

業績が好調なときこそ会社の売り時であるというのは、皮肉なことですが真実です。売りたくないと思う時が、実は売り時なのです。

ワンポイント・アドバイス

業績が良い時こそ実は会社の売り時。チャンスがあれば前向きに考える

3-4 買い手に対してアピールすべきことは何か？

──同業他社にくらべ収益力の高い自社の強みを事前に整理しておく

⦿──まずは自社の強みを整理する

会社を売る立場だからといって、卑屈になる必要はありません。むしろ、今は圧倒的な売り手市場ですから、売り手のほうが立場は強いのです。買い手に対しては、堂々と自社の魅力をアピールしましょう。

そこで、まずは自社の魅力が何かを事前に整理しておきます。改めて整理してみないと、自社の魅力を認識していない場合が多いからです（次ページ「整理フォーマット」参照）。

自社の魅力とは、自社の強みとも言い換えられます。強みは経営資源とノウハウという二つの切り口で、業務の一連の流れ（開発からサービスまで）に沿って洗い出してみるとよいでしょう。

①これまでに培ってきた経営資源

・販売シェア、全国や海外の販路
・優良企業との取引口座
・生産性の高い工場設備
・市場での認知度、ブランド力
・顧客等との人脈がある従業員　など

②業務上のノウハウ

・独自の生産技術
・ユニークな商品開発力
・高い品質管理能力
・革新的な情報システム
・顧客への提案営業力　など

さらに、強みのアピールに説得力を持たせるには、その強みが収益力につながっていることを示すことです。

◆アピールポイントの整理フォーマット

	開発	調達	生産	物流	販売	サービス
経営資源	(例)独自の開発装置	(例)アジアからの調達ルート	(例)最新鋭の工場設備	(例)全国規模の物流網	(例)優良企業との取引口座	(例)技術力のあるサービススタッフ
ノウハウ	(例)経験豊富な研究開発人員	(例)高品質な商品を見極める検査眼	(例)低い不良率を実現する生産管理	(例)効率的な配送システム	(例)収益性の高い提案営業力	(例)サービス効率の管理ノウハウ

同業者と比較して収益力が高い場合は、なぜ収益力が高いのかを改めて考えてみることで、強みを再認識することもできます。

◉──買い手が何を手に入れようとしているのかを探る

交渉が始まったら、買い手が何を手に入れたいと思っているかを探ることも重要です。いくらこちらが強みをアピールしても、それが相手の欲しがっているものと違っていたら、あまり意味がありません。逆に、こちらが大した強みではないと思っていても、相手から見れば魅力的な経営資源やノウハウと映るものがあるかもしれません。ですから、交渉においては相手が欲しがっているものを正確に把握するよう努めるのです。

トップ面談でのコミュニケーションを通じて相手が何を欲しがっているのか、相手は何を目的にM&Aをしようとしているのかを探ることはもちろん、交渉が始まってからも仲介機関を通じて、常に相手の関心事について情報収集しておくことが重要です。とくに買収監査を経ると、買い手も売り手企業についてかなりの情報を得ることになります。それにつれて、相手の関心事も変わってくる可能性もあるのです。

繰り返しますが、会社は一物一価ではありません。相手が何を欲しがっているかで、会社の価値も変わってきます。自社の強みを把握したうえで、相手の欲しがっていることにマッチしたアピールをすることが、交渉を有利に進めるコツでもあるのです。

ワンポイント・アドバイス
買い手が欲しがっているものがわかれば交渉は有利に進められる

3-5 上手な価格交渉の進め方

――価格レンジを設定し、買い手の上限価格を探る

◉――価格レンジを設定してから交渉に臨む

価格交渉に入る前に、売り手企業はまず、仲介機関に自社の株価を算定してもらいます。PART1の3－2、3ですでに述べたように、中小企業のM&Aでは時価純資産法とDCF法による株価算定が行われます。

肝心なのはここからで、仲介機関が算定した株価をそのまま売却希望金額として、相手に提示しないことです。相手に提示する前に、ターゲットとする売却価格の上限と下限を決めるのです（次ページ図参照）。

そして、最初は上限価格から相手に提示していきます。最初の提示額がそのまま通ることはまずありません。必ず交渉を通じて妥協せざるを得なくなります。ですから、最初から一発勝負に出るのではなく、価格は最初の提示額からだんだんと下がるものだと思って交渉に臨むことです。

誠実な価格として最初から最低価格を提示して交渉を避けようという作戦を取りたがる人も多くいますが、この作戦はお勧めしません。売り手がいくら「最低価格であり、それ以上の譲歩はできない」と主張しても、買い手は本当に最低価格だと受け取ってはくれません。むしろ、一切譲歩しようとしない売り手の態度に怒りを覚え、交渉は決裂してしまうものです。交渉をスムーズに進めたいのであれば、譲歩することも大切なのです。

売り手にとって特に大事なことは、下限の価格を最初に決めておくということです。これ以下の価格ではM&Aをしないという線を明確にしておくのです。そうでないと、交渉を通じてドンドン価格が下がっていき、際限がなくなってしまいます。

◆価格交渉のイメージ

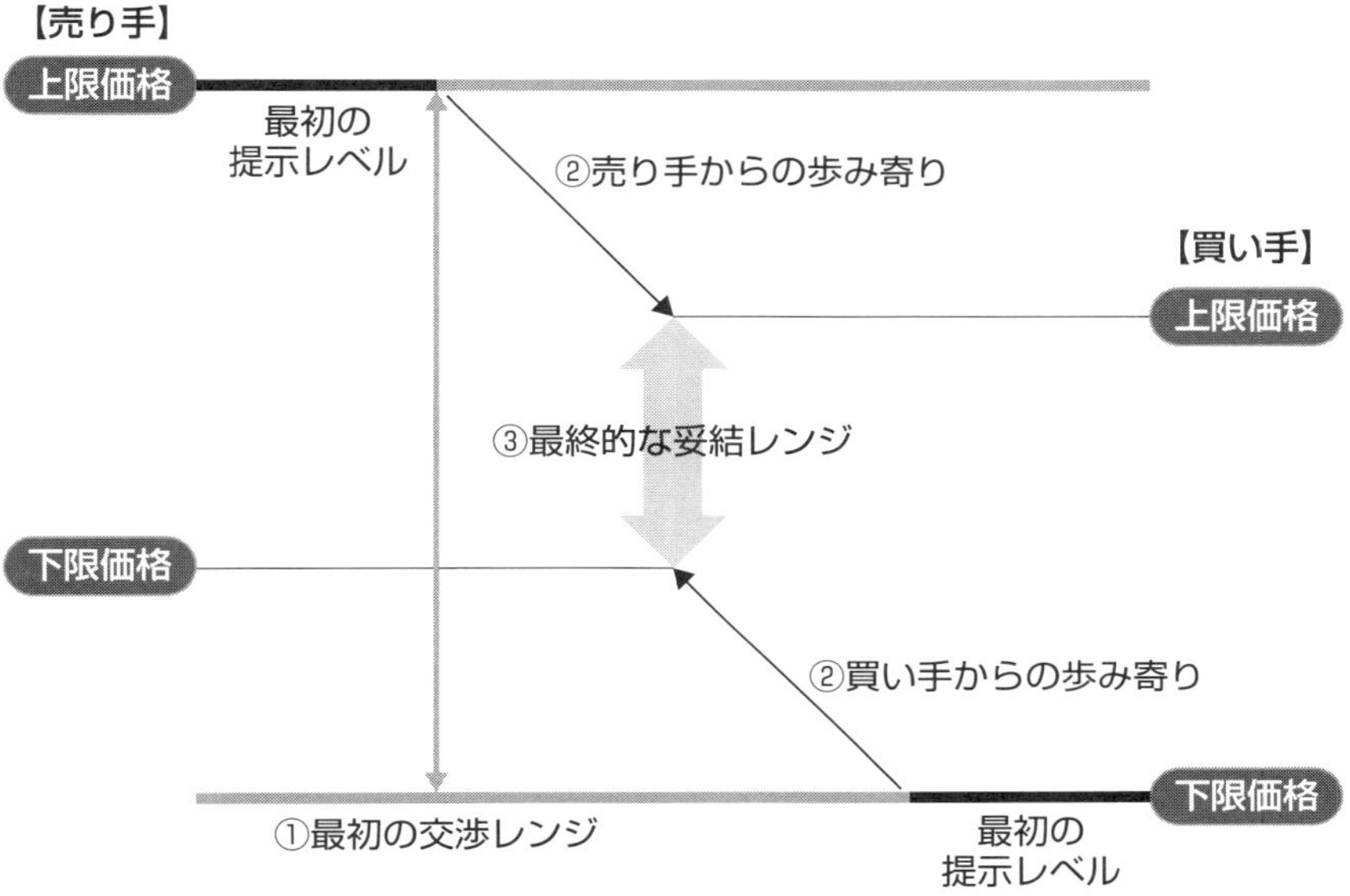

最下限の価格は、理屈的には会社の清算価値となります。つまり、会社を清算したときに得られる金額がボトム価格になるということです。清算価値とは、時価純資産価値よりさらに厳しく資産の価値を評価したもので、会社の資産を実際に処分した場合にいくらの値段がつくかという観点から評価されるものです。

◉——まずは売り手から提示する

会社の売却は、中古車の売却と似たところがあります。つまり、見た目には本当の価値はわかりにくいということです。本当の価値を知っているのは、売り手のほうですから、売り手のほうから価格を提示したほうが無難です。買い手から提示させると、売り手の希望するものとはかけ離れた価格が提示される可能性が高いからです。

まずは売り手側から提示することで、最初の価格イメージを印象づけることができ、交渉のペースを握りやすくなるのです。

ただし、オークション（入札）形式により複数の会社に売却を打診する場合は、買い手側から買収希望額を提示させます。他の入札者がいるとなると、買い手は精一杯の価格を提示しようとしてくるからです。そのため、一般的には売り手は相対取引ではなく、入札形式によったほうが高値で売れる可能性が高いといえます。

◉——感情的にならず買い手の上限価格を探る

売り手が最初に希望金額を提示した後、買い手側も株価算定を行ったうえで買収希望金額を提示することになります。

買い手の場合は、買収希望価格の下限から提示するのがセオリーです。売り手は高値で提示し、買い手は底値で提示するため、最初の提示額は2～3倍もかけ離れていることも珍しくありません。たとえば、売り手の希望金額が3億円に対し、買い手は平気な顔をして1・5億円を提示してくるといったイメージです。

ここで売り手は感情的になってはいけません。ここからが交渉のスタートなのです。最初の提示額からお互いが譲歩しあう中で最終的な妥結レンジが見えてきます。

ただし、ここで注意したいのは、妥結レンジがお互いの最初の提示額の真ん中とはかぎらないということです。あくまでも妥結レンジは、売り手の下限と買い手の上限の間にあるのです。ですから、交渉において売り手側は、買い手の上限価格を探ることです。そして、できるだけその上限価格に近いところで交渉をまとめようとするのです。

なお、価格交渉は、基本的に仲介機関を通じて行うことをお勧めします。売り手・買い手による直接交渉は、できるだけ行うべきではありません。ちょっとした言葉のニュアンスなどで誤解を招き、相手の不信感を買う危険性があるためです。企業価値の考え方やM&Aにおける価格交渉に精通した仲介機関を通すことで、スムーズに話し合いを進めることができるといえるでしょう。

ワンポイント・アドバイス

一発勝負で価格が決まることはない。感情的にならずに妥結額を探る

3-6 お互いの希望価格に差があるときは？

――資産の切り離しや退職慰労金を利用して売却金額を下げる

買い手は情熱的に買収を提案してくる。売り手からしても、この買い手に売却したい。しかし、買い手の買収提示額は売り手の希望とはかなりの開きがある。買い手の財務状況からすると、それ以上の買収資金の調達が困難な模様だ――。

実際、M&Aの交渉の場において、こうした状況はごく普通にあります。このままでは、せっかく買いたい・売りたいと双方が望んでいても交渉は決裂です。何か対策はないものでしょうか。

このような場合は、売買の対象を限定するなど、次のような対策が考えられます。

◉――売却金額を大きく下げる3つの方法

①事業外資産を切り離す

事業に直接関係のない資産を多く持っているために、会社の株価が上がっているケースがあります。このような場合は、そうした事業外資産をオーナーが買い取る、あるいはオーナーの資産管理会社に移すなどして、本体から切り離すことで売却金額を引き下げることが可能です。

たとえば、売り手が遊休不動産を所有している場合、これを切り離すことで、買収金額を下げることができます。残った不動産は、不動産管理会社としてオーナーが所有すれば、賃貸収入などの安定した収益を確保することもできるでしょう。あるいは、ゴルフ会員権や投資ファンドなどの金融資産についても、オーナーが買い取ることで、売却金額を引き下げることができます。なお、これら事業外資産をオーナーの退職金に充当すれば、オーナーの資金負担もなく会社は資産を移すことができます。

②買収対象とする株数を減らす

買い手としては経営の支配権を獲得するためには、必ずしも１００％の株式取得にこだわる必要はありません。少なくとも51％取得できれば、支配権を獲得することができます。

このように買収対象とする株数を減らすことで、買収金額を下げることも可能です。売り手側も株主として残ることで配当収入を得られるほか、残りの株式を段階的に買い手に売却することも考えられます。

③役員退職慰労金を支給する

売り手のオーナー経営者に対して役員退職慰労金を支給することで、買い手は買収に必要な資金を節減することができます。

たとえば、売り手の希望額は2億６０００万円、買い手の調達可能額は2億円とします。この場合、売り手企業はオーナーに対して６０００万円を役員退職慰労金として支給し、株式の売買代金は2億円とするのです。こうすれば、買い手が直接用意する買収資金は2億円ですむ一方、売り手は実質2億６０００万円で希望額どおり会社を売却できることになります。

買い手としては、買収資金のうち６０００万円については売り手企業を通じて支払ったともいえます。さらに、売り手企業側では６０００万円を経費として落とすことができます。その意味では、役員退職慰労金を支給する方法は、買い手にとって買収資金の節減と買収した会社の節税という1粒で2度オイシイ方法でもあるのです。

◉──いったん売却をあきらめ、希望額で売る準備をする

双方の希望価格の開きの原因は、そもそも売り手の希望額が企業価値に対して高すぎるというケースもあります。いますぐ会社を売却する必要がないなど時間的な余裕がある場合は、売り手はいったんM&Aをあきらめ、中長期的なスパンで売りたい値段の会社になるよう計画を立てることもあるでしょう。

たとえば、「3年後に2億円で会社を売却する」と、まずは決めてしまいます。そして、3年後に株価を2億円にするためには、あといくら利益の積み上げが必要なのかを把握したうえで、1年後、2年後にどこまで利益

◆逆算のマネジメント

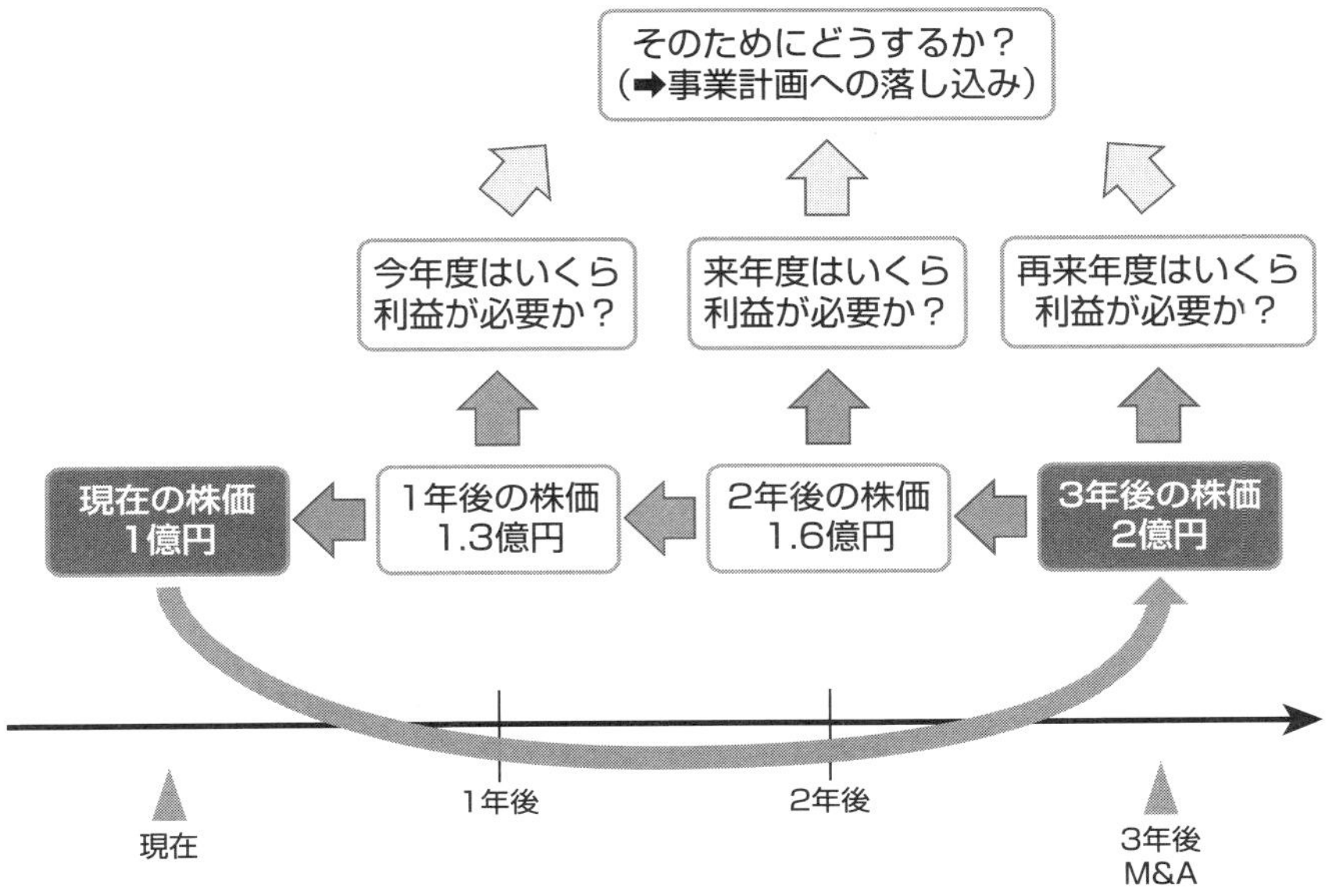

を上げるのかを考えます。

つまり、将来の売却時点を基点に〝逆算のマネジメント〟を行うのです（上図参照）。計画的に内部留保を厚くしていくことで、希望額で売却できるよう準備していくわけです。もちろん、この目標設定はオーナーの心の中にしまっておかなくてはなりません。「3年後に会社を売るために頑張るぞ！」などと従業員には言えるはずもありませんから。

なお、このように述べると、自分の利益のために会社を売り飛ばすような後ろめたさを感じるかもしれませんが、それは違います。

株価が上がるということは、企業としての価値が上がることを意味しています。これは経営体質が強化されたことの証《あかし》であり、従業員や取引先にとっても幸せなことなのです。

ワンポイント・アドバイス

希望価格に開きがあっても、売却対象範囲を調整するなど妥結の道はある

3-7

社長を辞めてから引継ぎ期間中の待遇はどうなる？

すぐに引退せずに対外的な関係や従業員の心理を考慮する

◎――引継ぎ期間は半年から1年が目安

会社を辞めて後継者に会社を任せた後の待遇は、親族へ事業承継する場合とM&Aによって会社を売却した場合とで、引継ぎ期間の長さや待遇が違ってきます。

親族へ承継した場合、社長を引退しても会長となって数年間は会社に残るということがよくあります。しかも、肩書きは代表取締役のまま。金融機関への個人保証もはずせないということも珍しくありません。

これでは、引退したとはいえません。なかには、後継社長が不甲斐ない場合は、再び社長に復帰する経営者もいます。

こうしたことを考えると、親族への承継の場合、社長から会長へ退くことは、本当の意味での引退ではなく、後継者教育のプロセスの一部ともいえそうです。社長を辞めてから本当の意味で引退するまでには、5～10年くらいかかることを覚悟する必要がありそうです。

その点、M&Aの場合は短期間のうちに、スパッと引退することができます。

M&A後の引継ぎ期間は、半年から1年が目安です。最初の半年は常勤とし、次の半年は非常勤とするなど、勤務形態を途中で変えることもあります。あるいは「1年後の状況を見て、必要であればさらに半年間延長する」といった延長オプションをつけることもあります。

普通は、長くても1～2年で完全に引退することになります。しかも、通常はM&Aと同時に代表権のない会長や相談役に退くため、同時に個人保証をはずしてもらうことが可能です。

その意味では、M&Aと同時に経営責任という重責からは解放されることになります。親族への事業承継と比べると、心理的な負担はほとんどなくなるといっても過言ではありません。

なお、引継ぎ期間の長さは、取引先との関係も考慮しなければなりません。新しい経営陣が取引先との信頼関係を築けないうちに旧経営陣がいなくなってしまうことは危険です。非常勤でよいので、一定期間は名前だけでも残しておいたほうがよいでしょう。とくに、老舗企業の場合は、オーナー家が残っているということが対外的な信用を維持するうえで重要なケースもあります。

また、従業員の目も意識しなければいけません。会社を売却したあと、従業員は大きな不安を感じるものです。そうした点からも従業員の気持ちが落ち着くまでは、売り手の社長は残ったほうがよいでしょう。

◉——報酬は50%以下に引き下げる

役員を退任して退職慰労金をもらう場合は、税務上の理由から報酬を50%以下に引き下げる必要があります。引き下げを行わずに退任前と同じくらいの報酬を受け取ってしまうと、実質的には退任していないとみなされ、退職慰労金が退職所得ではなく給与所得として課税される恐れがあるためです。

給与所得とみなされると、退職所得の税務上の優遇措置を受けられなくなるだけでなく、支払った会社にとっても役員賞与とみなされて損金算入できなくなります。このような事態は絶対に避けなければなりません。

なお、引継ぎ期間中の報酬額は、買い手から派遣されてくる役員とのバランスも考える必要があります。新しく就任した経営陣より、引退した旧経営陣のほうが高いというのは明らかに不自然です。売り手の経営者は引退する以上、あまり欲を出すべきではないでしょう。

また、引継ぎ期間中の社会保険料の支払いや年金の受取りも考慮する必要があります。

引継ぎ期間中の雇用形態については、「雇用契約」もしくは「顧問契約（委任契約）」とする方法がありますが、契約形態に関わらず、「常勤」か「非常勤」かで社会保険と年金受給の対応が分かれます。

社会保険については、常勤で勤務している場合は社会保険への加入が原則必要であり、非常勤であれば強制ではないと考えられます。そのため、顧問契約であっても、勤務実態が常勤であれば社会保険料がかかる可能性があるので注意が必要です。

年金については、常勤の場合は給与や報酬額により受給できる額が変わりますが、非常勤の場合は、給与や報酬額がいくらであっても基本的に年金を満額もらうことができます。このあたりは、事前に社会保険労務士とよく相談したうえで、報酬額をどうするかと合わせて検討することが必要です。

◉――引継ぎ期間の肩書きは?

売り手の経営者が代表取締役をはずれたあとの肩書きとしては、「会長」「相談役」「顧問」あたりが一般的です。創業社長の場合は、「ファウンダー」(創業者という意味)を用いる例も見られます。

対外的に退いた印象にしたくない場合は「会長」とし、ある程度退いた印象とするのであれば「相談役」がよいでしょう。「顧問」や「ファウンダー」となると、さらに退いた印象となります。取引先や従業員への印象などを勘案して決めましょう。

M&Aと同時に役員退職慰労金をもらう場合は、いったん取締役を退任するわけですから、「取締役」に留任することは避けるべきです。すでに述べたように、税務上、役員退職慰労金が給与所得とみなされてしまう恐れがあるためです。

最近では、中小企業であっても執行役員制度を導入している会社もあります。ただし、オーナーの引退後の肩書きとして、執行役員は適当ではありません。一般に執行役員というのは従業員の位置づけであり、就業規則が適用されることになってしまいます。執行役員は引退後の肩書きとしてはふさわしくないのです。

ワンポイント・アドバイス

引継ぎ期間中の社会保険料の支払い、年金の受給額は常勤・非常勤で異なる。社会保険労務士とよく相談する

3-8 親族の役員を残すことはできるのか？

――退職を要請されることはないが特別扱いはなくなる

◉――残された親族はどうなるのか？

中小企業の多くは、経営者以外も一族の人間が会社の役員になっているケースが多いものです。M&Aが成約された場合、そうした親族はどうなるのでしょうか。

名前だけの取締役や監査役は、M&Aと同時に退任することが一般的ですが、問題は常勤役員として従事している親族の扱いです。とくに最近では、社長の子息が役員で入っているにも関わらず、後継者としてはふさわしくないと考えてM&Aを決断するケースも珍しくありません。こうした場合はどうなるのでしょう。

経営者の子息といっても、年齢は30代か40代ですから、引退するには早すぎます。基本的には子息自身の意思によります。多くはそのまま雇われ役員として留任するようです。なかには、雇われの身は我慢できないといって、M&Aと同時に退職して自分で会社を起こす人もいます。

いずれにせよ、本人の意思次第です。よほどのことがないかぎり、買い手側から子息の退職を要請されることはありません。これは、子息だけでなくオーナー一族の役員や経営幹部全般に当てはまります。

ただし、オーナーが代った以上、従来のような特別扱いがなくなることは覚悟しなければなりません。

取締役として留任したとしても、その後の任期満了時に再任されるとはかぎりません。特別の事情がないかぎり、取締役としてふさわしい能力を備えているかどうかが問われます。新経営陣により取締役としてふさわしくないと判断された場合は、たとえ創業オーナー家出身者でも一般の従業員に降格あるいは委任契約を解除され、そのまま退職させられてしまうかもしれません。
そのため、オーナー家の親族はM&A後に大きなプレッシャーを感じながら仕事をすることになるでしょう。今まで一族だからという理由だけで甘やかされてきた人物では、とうてい務まらないかもしれません。

⦿——退任する場合の役員報酬と退職金はどうなる?

M&Aと同時に退任する場合は、役員退職慰労金を支給するかどうかが問題となります。基本的にはこれまでの功労を考慮して判断すればよいでしょう。買い手としては、役員退職慰労金を支給してもらえば、その分、買収資金が少なくなるほか、役員退職慰労金が損金にもなり節税につながるメリットもあるため、退職金支給には反対しないものです。

M&A後も役員として留任する場合は、当面は現状の役員報酬を引き継ぐことになるケースが多いと思いますが、役員報酬が過大な場合は引き下げられることは十分に考えられます。

その点については、交渉の段階から買い手側の意向を確認しておき、事前に対象となる親族役員には話をしておくことが重要です。事前の根回しもなく、M&A後に役員報酬が下げられたとなると、従業員を引き連れて退職するなど、望ましくない結果に発展しないともかぎりません。

中小企業のM&Aでは、感情問題がこじれることが多いため、こうした配慮はとても重要です。

ワンポイント・アドバイス

親族の役員はこれまで以上に取締役としての能力が問われることになる

3-9 従業員の雇用条件は維持されるのか？

売り手が再生局面になければ、買い手も雇用継続を望む

◉――買い手も雇用継続を望むケースが多い

当社が2005年に行った事業承継に関するアンケート調査で、面白い結果が出ています（次ページ参照）。

事業の売却希望先として、「企業価値の算定は低いが、従業員の雇用は保障する会社」を希望すると回答した経営者が70％に達しています。一方、「従業員の雇用を保障しないが、企業価値を高評価する会社」を希望する経営者は20％程度しかいません。

つまり、中小企業の経営者の意向は「売却金額より、従業員の雇用を守ってくれる会社に売却したい」ということなのです。

私も現場でこうした経営者の声をよく聞きます。

「従業員から白い目で見られるような辞め方はしたくない。だから、従業員の雇用を守ってくれることが条件だ。カネの問題は二の次でいい」

「辞めた後も、会社にふらっと立ち寄れるような関係でいたい。従業員に恨まれるような会社の売り方はしたくない」

実際、中小企業のM＆Aでは従業員の雇用維持が売り手側の条件として掲げられることが一般的です。さすがに赤字続きで債務超過、企業再生が必要な状況の会社では、雇用維持を条件とすることはできませんが、そうでなければ従業員の雇用維持を買い手に堂々と提示しましょう。

買い手も事業の継続を重視するので、破綻状態でなければ、雇用維持に反対するケースはほとんどありません。そもそも買い手側も人手不足に悩んでいる会社が多く、買収後に人をたくさん派遣できるような状況ではあ

◆事業売却の希望先

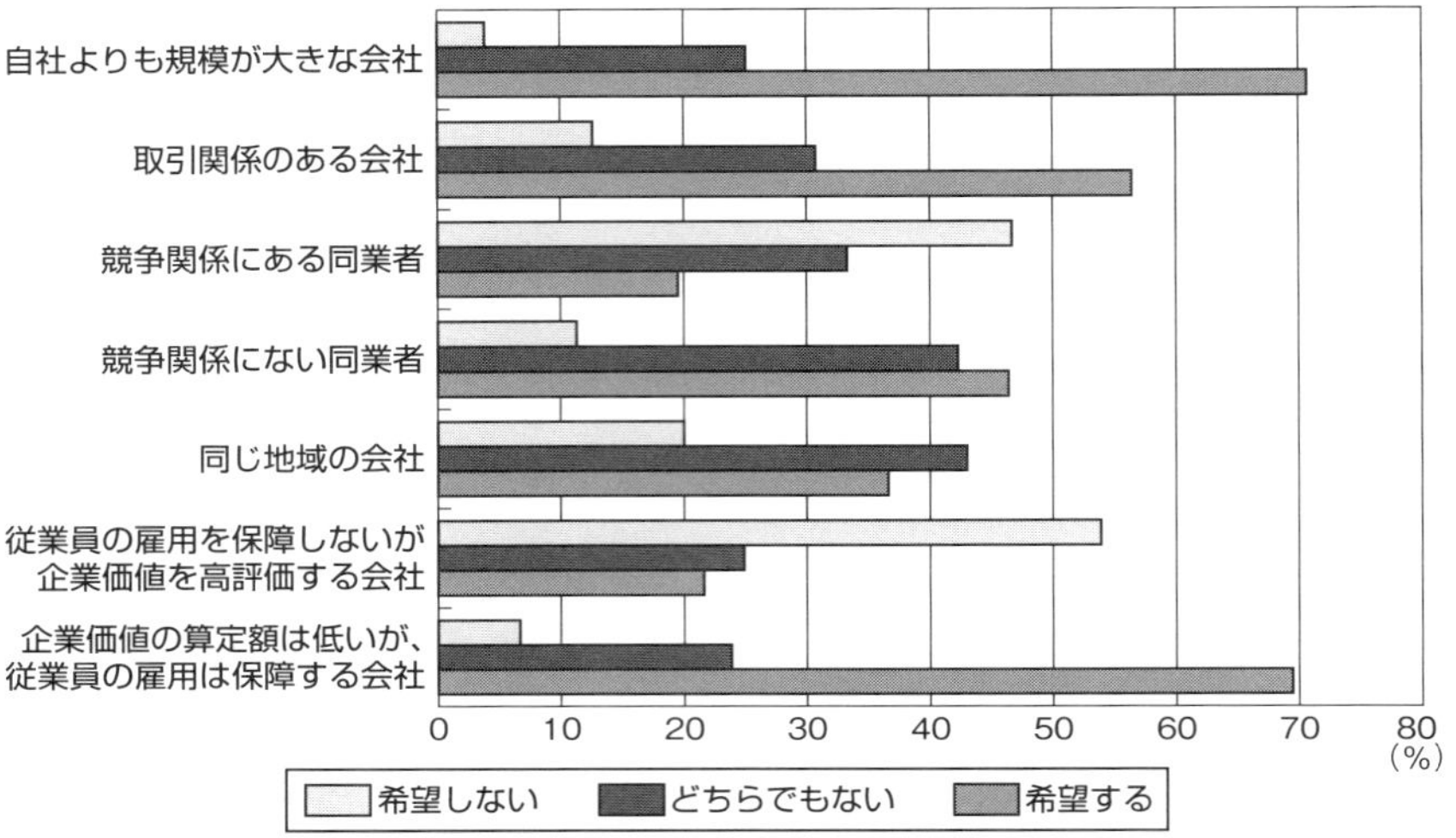

資料：三菱UFJリサーチ＆コンサルティング（株）「事業承継」「職業能力承継」アンケート調査（2005年12月）
（注）希望度について、「希望する」「やや希望する」を希望するとして集計し、「あまり希望しない」「希望しない」を希望しないとして集計している

りません。買い手としても、売り手企業の従業員をできるだけうまく活用したいと思うはずです。

とくに、業績の悪くない会社を買収した場合は、売り手企業の従業員のモチベーションを下げないように配慮するものです。

⊙——従業員の給与水準は維持されるのか?

雇用維持だけでなく、給与水準まで維持できるかどうかは、買収後の経営状態によります。さすがに買い手も、将来にわたって給与水準まで保障することはありません。

最終契約書の中では、「従業員の雇用条件については、少なくとも1年間は現行を維持する」と明記されることが多くあります。

現行の雇用条件が維持される期間を1年とするのか、2年あるいは3年とするのかは交渉次第ですが、今は1年先の経営環境も不透明な時代ですから、2年以上も雇用条件を保障させるのはよほど業績が安定しているか、今後の見通しが明るい会社でなければ難しいでしょう。

◉給与水準の維持が困難な場合

業績が悪いにもかかわらず、給与水準が高い会社では、Ｍ＆Ａに伴って切り下げざるを得ないケースもあります。

その場合、Ｍ＆Ａ直前にいったん従業員に退職してもらい、給与水準を下げて再雇用するということも行われます。この退職から再雇用までについては、売り手企業の責任で従業員を説得しなければなりません。売り手としては辛い対応ですが、他に選択肢がなければ仕方ありません。

◉従業員を幸せにする相手先を選ぶ

売り手の経営者としては、売却後も従業員がモチベーションを高めて働けるような買い手を選ぶことに注力すべきです。

「この会社のグループの一員になれてうれしい。安心した。さらに頑張って、大きなチャンスをつかみたい」

――従業員がそう思える会社の傘下に入ることができれば、そのＭ＆Ａは売り手としては大成功ではないでしょうか。

従業員のモチベーションが上がって、業績も上がれば、雇用条件の維持など心配する必要はありません。むしろ、雇用は拡大され、給与水準も上がるでしょう。さらに大企業グループの一員となれば、福利厚生制度も充実し、従業員の家族にも喜んでもらえるはずです。

何度も繰り返しますが、会社を売却することは後ろめたいことではありません。Ｍ＆Ａは将来の飛躍につながる戦略的な意思決定なのです。しっかりとした相手への売却であれば、従業員もきっと納得してくれるに違いありません。

ワンポイント・アドバイス

経営者としては従業員のやる気が高まるような相手先を選びたい

3-10 従業員に気づかれないための工夫とは？

——情報管理がルーズになりがちな社内だけに細心の注意を払う

このような事態が起こらないようにするためには、M&Aが成立するまでは厳格に秘密を守ることです。そして、最終契約が調印された時点で、きちんと従業員に説明するのです。

秘密保持が守られない場合には、失敗するリスクが高まります。仲介機関が秘密保持を口うるさく言うのはそのためです。

◉——社内での秘密保持に留意する

売り手は、仲介機関や買い手候補とは秘密保持契約を締結して、情報が外部に漏れないよう細心の注意を払いますが、社内における情報管理は意外と甘いケースがあります。しかし、いったん情報が漏れれば、成約を防げようとするのは売り手の従業員です。従業員に知られな

◉——従業員がもっともやっかいな妨害者になる!?

M&Aは極秘裏に進めなければなりません。なぜなら、途中でM&A交渉を行っていることが明るみに出ると、それを妨害しようという人たちが現れて、たいていの場合うまくいかなくなるからです。

では、いったい誰が妨害しようとするのでしょうか？　その最たる人たちは、売り手企業の従業員です。売り手企業の従業員は、自分の会社が売られると聞くと、大きな不安を感じます。そして、最悪の場合、M&Aをやめるよう経営者に直談判する事態に発展することもあり得ます。

なぜこのようなことが起こってしまうかというと、中途半端に漏れた情報があらぬ憶測を呼び、噂が独り歩きしてしまうからです。

いよう細心の注意を払わなければなりません。以下、具体的なシーンごとに留意点を説明します。

①電話・メール・FAX

仲介機関から会社への直接の電話連絡は控えてもらいます。売り手企業のM&A担当者の携帯電話に直接連絡させるようにします。一方、電話を受ける側の売り手の担当者は、声が漏れないような場所で通話しなければなりません。

仲介機関からのメールについては、文面を見ただけでは何の件がわからないようにしてもらいます。添付ファイル名にも注意が必要です。「M&A交渉メモ」などというタイトルをつけてはいけません。もちろん、添付ファイルにはパスワードをつけます。パスワードは同じメール内に記載せず、別メールで送ります。

仲介機関からのFAXについては、送る前に電話で連絡をもらい、受信後すぐにピックアップするようにします。FAXがそのまま放置されるようなことがあってはなりません。

②コピー・プリンタ

M&Aに関連する資料をコピーしたり、プリンタで印刷した場合、資料を長時間置き去りにしてはいけません。印刷後はすぐに取りに行きましょう。誤って何回も印刷ボタンを押してしまったり、印刷物が他人の印刷物に紛れ込まないよう注意しましょう。

③社内でのM&Aに関する打ち合わせ

社内での打ち合わせは、声が外部に漏れない会議室で行います。上部が開いている部屋や壁が薄く声が筒抜けになるような会議室は避けるべきです。

また、打ち合わせ中に電話の取次ぎやお茶出しで入室者があった場合は、会話を中断し、手元の資料は裏返しにします。資料を表のままにしていてはいけません。

④買収監査

買収監査は売り手企業の膨大な資料が必要となるため、売り手企業内で行わざるを得ないことが多いものです。この場合は、「税務調査が入っている」など別の理由を用意しておくことが必要です。何の説明もなしに買収監査が入ると、従業員は不審に思います。また、買収監査に来る会計士や弁護士にも、監査の部屋（データルームという）以外では一切、買収監査の話をしないなどのルールを徹底させることも必要です。また、会計士などからの質問に対応するのも経理担当者などできるだけ限定し、情報が漏れないよう細心の注意を払います。

⑤買い手との交渉場所

買い手との交渉は、売り手企業内でやってはいけません。買い手企業や仲介機関の会議室を借りて行うようにしましょう。

ただし、買い手企業に売り手企業の経営者を知っている業者が頻繁に出入りしている場合は、買い手企業での打ち合わせも慎重に行うべきです。帰りは非常用の出口から出るくらいの慎重さが求められます。

このように、売り手は情報管理に細心の注意を払わなければなりません。これだけ細心の注意を払っても、M&Aの噂が出てきてしまうことは珍しくありません。そのため、できるだけ早く成約に至ることです。交渉が長引くほど、情報が漏れる危険性は高まるのです。

ワンポイント・アドバイス

従業員は最大の妨害者になる可能性があるから、社内での情報管理に細心の注意を払う

3-11 基本合意を結ぶうえで注意すべき点は何か？

――排他的交渉権など売り手の行為を制限する項目に注意する

◉――できるだけ早く基本合意を結ぶ

基本合意は正式な契約ではなく、基本合意を締結したからといって、最終契約を結ばなければならないわけではありません。一般的に、法的拘束力は持ちません。にもかかわらず、基本合意は、M&Aでは非常に重要な意味を持ちます。これは基本合意が当事者に対して心理的な影響力があるからです。

基本合意が結ばれることにより、当事者の意思は明確になります。通常、いろいろな話し合いが基本合意までになされますが、話し合いをしているだけでは、本当に相手が買う（売却する）意思があるかどうかは確証が持てないものです。そして、話し合いが長引けば長引くほど、相手に対する疑心暗鬼も大きくなりがちです。

それが基本合意を結ぶことにより、双方が本気でM&Aを考えていることが確認できるのです。このことが重要です。

基本合意を境に、両社がM&Aの成約という一つの目標に向かって進んでいこうという雰囲気も出てきます。ですから、重要な部分で障害がなさそうだと思えば、できるだけ早く基本合意を結ぶことをお勧めします。それによって、M&Aの成約へのスピードはぐっと速くなります。

◉――基本合意に盛り込む内容は？

基本合意といっても、決まった形があるわけではありません。文書のタイトルにしても「基本合意書」ではなく、「覚書」として漠然とした内容にすることもあります。

「覚書」の場合は、双方がM&Aに向けた協議を行っていく意思があるというほかは、あまり具体的な項目を盛り込みません。買い手が上場企業の場合にこうした「覚書」形式がとられるのですが、これは「基本合意書」とすると、開示義務が発生してしまうためです。そこで、まだ外部に開示できる状況にない場合は、「覚書」にとどめておくのです。

一方、「基本合意書」とする場合は、かなり具体的な条件まで盛り込まれることも珍しくありません。むしろ、非上場企業同士であれば、できるだけ具体的な条件まで入れておくことをお勧めします。こうしておけば、すでに重要な項目で合意ができているので、あとの交渉がスムーズに進むのです。

具体的な項目まで明記する場合は、売買価格と最終契約のスケジュールを盛り込むことが重要です。とくに最終契約日の目安を入れておくことで、双方が時間を意識して交渉を進めようという気持ちが強くなります。

◉——合意書の内容で売り手側が注意すべきこと

基本合意を締結するうえで売り手側が注意すべき点は、次の二つの項目です。

①排他的交渉権

排他的交渉権とは、買い手が売り手と独占的に交渉することができる権利を付与するものです。

売り手としてこの権利を買い手に与えると、他社との交渉を並行して行うことができなくなります。そのため、ほかにも買い手候補がいる場合は注意が必要です。

この場合は、買い手候補を1社に絞り込めた時点で基本合意を締結するよう、タイミングを見極めなければなりません。

②善管注意義務

「善良なる管理者の注意義務」の略で、売り手企業が自らの企業価値を毀損するような行為を行ってはならない義務を負うという項目です。具体的には次のような行為が制限されます。

・重要な資産の譲渡、処分、賃貸借
・増減資
・多額の新規借入
・多額の新規投融資
・従業員の賃金・給与水準の大幅な変更

・重要な顧客との取引条件の変更等

売り手企業がこれらに該当することを行おうとする場合は、事前に買い手の承認を得る必要があるので注意が必要です。

排他的交渉権と善管注意義務は基本合意で盛り込まれることが一般的です。そのため、一般に基本合意は買い手を拘束するものではなく、売り手を拘束するものといえます。基本合意後は他の買い手候補と交渉をすることができなくなるほか、善管注意義務により経営の自由度も制限されることになるのです。そのことも念頭に入れたうえで、売り手は基本合意を結ぶべきかどうか慎重に決める必要があります。

◉——買い手の開示対象になるかどうかを確認する

買い手が上場企業の場合は、基本合意が開示対象になるかどうかを確認すべきです。もし開示されると、その時点で取引先や従業員にもM＆Aの事実を知られてしまいます。

まだ知られては都合が悪い状況であれば、「基本合意書」ではなく「覚書」として具体的な内容は盛り込まず、開示しないようにします。

ワンポイント・アドバイス

早く基本合意を結べば当事者に協力意識が芽生え、交渉はスムーズに進む

3-12 買収監査では何が調べられるのか？

——財務・事業・法律面から売り手企業の状況が分析される

◎——買収監査とは何か

買収監査（デューデリジェンス）とは、売り手企業の財務内容の適正性や潜在的に抱えるリスクの洗い出しを行う調査のことをいいます。

基本的にM&A後のリスクを背負うのは買い手です。そのため、買収監査は買い手側が会計士や弁護士などの専門家に委嘱して行われます。

買収監査は通常、基本合意後に行われます。調査項目には次のようなものがあります。

【財務内容の調査】

・会計処理は正しく行われているか
・貸借対照表にある資産は実在し、簿外債務はないか
・実際の純資産価額はいくらになるか
・将来の収益見通しは合理的か

【事業内容の調査】

・経営管理はきちんと行われているか
・営業活動はどのように行われているか
・技術開発力はどの程度か
・設備の保全状態や稼動状況はどうか

【法律面の調査】

・株式は法的に問題なく株主に所有権があるか
・残業代の未払いなど労務関係に法的問題はないか
・特許や商標権に法的問題点はないか
・係争事件の影響はどうか
・アスベスト、土壌汚染などの環境リスクはないか
・重要な契約内容に問題はないか

財務内容の調査は、基本的には会計士や税理士が担当します。中小企業の場合だと、3～4名が3～4日程度

かけて調査を行います。費用は規模と内容にもよりますが、最低でも１００万円はかかります。この費用は全額買い手が負担します。

事業内容の調査は、基本的には買い手自身によって行われます。買い手はこの調査を通じて問題点やリスクを認識するとともに、買収後のマネジメントのあり方について青写真を描くことになります。

法律面の調査では、最近は労働問題がクローズアップされる傾向にあります。たとえば、残業代の未払い問題や過去のリストラの手続き上の瑕疵《かし》などが問題となります。また、工場がある場合などは、環境問題も重要視されます。建物にアスベストが使われていないかとか、土壌汚染がないかなどは専門の業者により調査が行われます。

このように、買収監査では買い手が気になる部分が徹底的に調査され、売り手企業は丸裸にされてしまうのです。

なお、買収監査は売り手の従業員の目につかない場所や日時に行うようにします。

財務書類などは仲介機関の事務所や買い手企業に持ち込んで調査を行うこともあります。現地調査は休日に行うなどの配慮が求められます。

買収監査の結果、想定外のリスクが発見された場合は、買い手は基本合意した買収価格を引き下げるよう売り手に交渉してきます。引下げが難しい場合は、一部の買収代金を後払いにしたり、金融機関へ預託（エスクロー）することなどを要求してきます（次項参照）。

この場合の預託とは、たとえば金融機関に売り手名義で定期預金口座を開設し、その口座に一定期間買い手が質権設定するという方法がとられます。Ｍ＆Ａ後に最終契約で定めたリスクが顕在化し、追加費用が発生した場合は、売り手は預託した口座からその費用を負担することになります。ですから、売り手は後で何か出てきた場合もそれを補償しなければならないのです。この意味からも、買収監査にはきちんと協力して、後で問題が起きないようにしておくべきです。

ワンポイント・アドバイス

新たなリスクが出てきたときは買収価格の引き下げ交渉が行われる

3-13 最終契約書を結ぶうえで注意すべき点は何か？

――無制限に保証するのではなく範囲を見極めることが大切

⦿――最終契約書の内容とは？

最終契約書とは、正式なM&Aの契約書を指します。M&Aの手法が株式譲渡であれば株式譲渡契約書、事業譲渡であれば事業譲渡契約書ということになります。ここでは、M&Aにもっとも多い株式譲渡契約書を前提に解説します。

最終契約書に盛り込まれる内容は案件によって異なりますが、とくに売り手にとって重要なものとしては以下のような条項があります。

①売買対象物の特定と売買の合意
②表明保証と補償
③競業避止義務

以下、それぞれ詳しく解説しましょう。

①売買対象物の特定と売買の合意

売買対象となる株式の種類と数、価格および価格の調整方法と代金の支払時期について明記します。売買代金は全額を一括して支払うのが一般的ですが、一部を後払いにする場合もあります。

また、代金の一部を買い手の指定する金融機関に預け入れ、その口座に買い手が質権設定するといった方法で預託する（「エスクロー」という）こともあります。

この場合、売り手としては、売却代金の一部がロックされることになるため、あまり望ましいことではありません。これは前項で述べたように、買収監査で簿外債務のリスクが発見された場合は、売り手はここから費用を負担することになります。

エスクローを認めるかどうかは交渉次第ですが、認め

株式譲渡契約書の目次（例）

第１条	（定義）
第２条	（本件株式譲渡）
第３条	（クロージングの前提条件）
第４条	（クロージング）
第５条	（買い主の表明及び保証）
第６条	（売り主の表明及び保証）
第７条	（補償）
第８条	（競合避止義務）
第９条	（解除）
第10条	（秘密保持）
第11条	（公表）
第12条	（公租公課及び費用）
第13条	（譲渡禁止）
第14条	（通知）
第15条	（準拠法）
第16条	（管轄）

る場合は、売り手としてできるだけ短い期間を要求しましょう。

②表明保証と補償

表明保証とは、売り手が買い手に対して隠れた債務やリスクが存在しないことを表明し、保証することです。買い手としては、買収監査を行うものの、限られた時間ですべてを調査することは不可能です。そのため、買い手にとって、売り手による表明保証は最終契約書の中でももっとも重要な部分といえます。

もし、表明保証に違反してあとで隠れ債務などが発覚した場合は、売り手は買い手に対して損害賠償責任を負うことになります（これを「補償」という）。ただし、売り手としては無制限に賠償責任を負うわけにはいきません。そこで、補償する金額に上限を設定することが重要です。一般には、売却金額の10～20％くらいを上限とし、それ以上の補償責任は免責する条項を設けます。

株式譲渡では、分散した個人株主から株式を売ってもらうよう説得しなければならないため、無制限に賠償責任があるというと、おそらく誰も売ってくれないでしょう。その意味でも、売り手にとって、補償金額に上限を設定しておくことが重要なのです。

また、どこまでの範囲を表明保証するかも重要です。買い手はできるだけ表明保証を取り付けようと、幅広い項目を契約書の草案に入れてきますが、売り手はどこまで受け入れるかについて、仲介機関とよく相談することが大切です。

表明保証の例としては、次のような項目があります。

- 株主→株主名簿にない株主は存在しない
- 潜在債務→売り手企業は第三者の債務を保証していない
- 環境→土地や建物において有害物質による汚染はない
- 財務諸表→財務諸表は財務状況を正確に表示している
- 従業員との関係→未払いの賃金、時間外手当、社会保険料は存在しない
- 知的財産権の侵害→第三者の特許権、商標権、著作権等を侵害していない

③競合避止義務

競合避止義務とは、売り手の経営者がM&A後に同業の事業を行ってはならないという義務を課す条項です。買い手はせっかく買収しても、売り手が同業で新会社を設立して顧客を奪われては困ります。そのため、売り手に競合避止義務を要求してくることが一般的です。

売り手としては競合避止義務を受け入れざるを得ませんが、もしも売り手オーナーが再び起業を考えている場合は、できるだけ義務を負う期間を短くするようにします。目安としては5年程度です。引退して再び起業する意思がない場合は、10～20年くらいで設定されることが一般的です。

ワンポイント・アドバイス

最終契約書でもっとも重要なのは表明保証。保証の範囲と補償の上限金額の設定に注意する

【買い手の視点】

3-14 リスクを重視し、できるだけ安く買う

——リスクを負っていることを忘れずに、シビアに評価する

⦿——投資回収期間の考え方

買い手にとってM&Aは、純粋な投資行為です。そのため、売り手企業が投資に値する企業かどうか、値するとすればいくらが妥当なのかを厳しく見極めます。そのとき、買い手がとくに意識するのは何年で投資回収できるかということです。

投資の回収期間としては、業績の悪い会社で0〜2年、通常の会社で3〜7年くらいが目安です。この場合の回収期間とは、買収金額から時価純資産価額を引いた部分（いわゆる営業権部分）が、当期利益の何年分かということです（次ページ図参照）。

買収金額から時価純資産価額を差し引くのは、最悪の場合、会社を清算した場合に時価純資産部分は資産売却により回収できると考えるためです（その意味では、ここでいう時価純資産価額は清算価値で考えるべきです）。

業績の悪い会社の場合、買収したあとも追加投資が発生したり、赤字が続くことも考えられるので、営業権がつかないことも珍しくありません。

このように、買い手はシビアに投資回収を意識して価格を提示してくると考えたほうがよいでしょう。

⦿——買い手の見方を理解する余裕を持つ

買収後にリスクを背負うのは買い手です。最終契約書の表明保証により、部分的に売り手にリスクを負ってもらうことはあっても、カバーできる範囲は限定的です。

たとえば、買収後に従業員のモチベーションが下がっても売り手の責任にはできません。買収されたことに失望して従業員が辞めていったとしても、これも売り手に責

◆回収期間の考え方

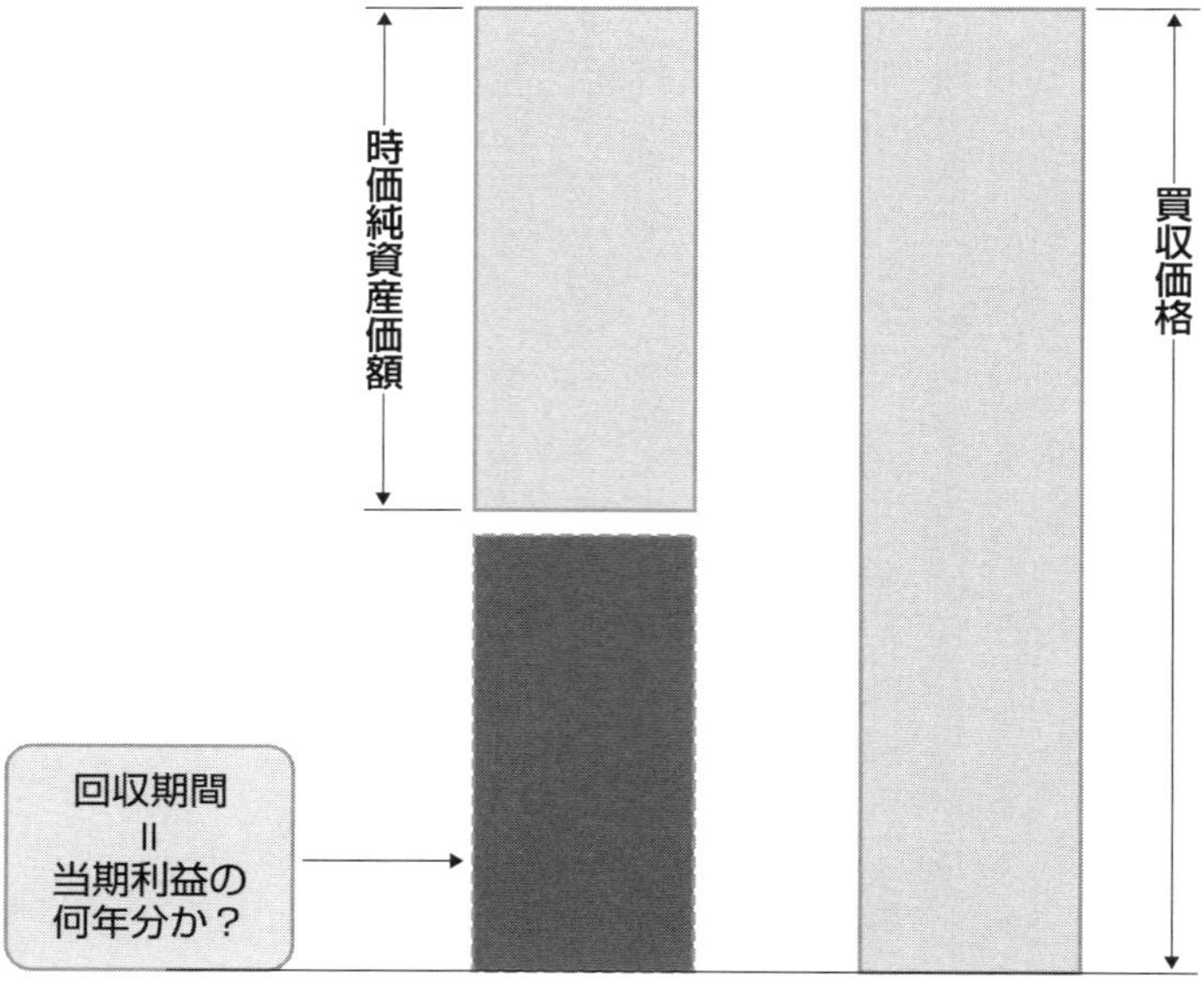

任を負わせることはできません。取引先から取引条件を厳しくされたり、取引を打ち切られても同様です。買収後のシステム統合で業務が混乱しても売り手のせいではありません。

こうしたビジネス上のリスクはすべて買い手が負うのです。ですから、買い手は買収金額について慎重に慎重を重ねて保守的に評価するのです。

売り手は買い手のそうしたものの考え方を知っておく必要があります。たいてい、売り手の売却希望額というのは、買い手が算定した評価額よりも高いものです。

「希望額以下では絶対に売らない！」というのは構いませんが、その希望額が経済合理的に評価した額よりも法外に高い場合は、まず売れません。そのため、客観的な自社の買収価値を仲介機関に算定してもらい、相場観を得ることです。どちらが合理的な主張をしているのか、冷静に判断する余裕を売り手側は持つ必要があります。

ワンポイント・アドバイス

買い手はリスクを重視し価格を提示してくる。売り手はその背景を理解することも大切

4-1 従業員へはどのように開示すべきか？

開示時期は締結前後。不安を解消する言い回しを工夫する

実際、事前にM&Aの話をしてしまったために、従業員の間に不安が増大し、社長にM&Aを思いとどまるよう直談判するという事態にまで発展した例もあります。そのときは、アドバイザーが間に入って買い手側の情報をきちんと伝えて不安を解消し、事なきを得たのですが、一歩間違えば破談になる恐れもありました。

M&Aは人の感情のもつれによって簡単に破談になってしまうくらいデリケートなものです。慎重に慎重を重ねて対処しなければなりません。

◉――従業員への開示は2段階で行う

とはいえ、従業員に対してまったく内緒にしておくこともリスクがあります。そこで、従業員への開示の仕方は2ステップを踏むことをお勧めします。

◉――従業員への開示はできるだけ後にする

売り手企業の経営者にとってもっとも悩ましいことの一つは、従業員に対して、いつ、どのようにM&Aの話を開示すべきかということでしょう。多くの売り手側の経営者は、事前に開示をしたがりますが、これは大変危険なことです。

M&Aの実務では、「従業員への開示はできるだけ後にする」というのが原則です。そもそも会社には従業員に対して事前に開示する義務はありません。3章の10項目めでも述べましたが、早くに開示してしまうことで、従業員の間にあらぬ誤解や不安が生まれ、M&Aに反対する動きが出ないともかぎらないからです。そうしたリスクを最小化するため、従業員への開示は極力後にするのです。

①ステップ1　キーマンへの開示

まず、現場でキーマンとなっている幹部クラスの社員（通常は部長クラス）には、少し早めに開示をします。タイミングとしては基本合意後になります。その際、一堂に集めて説明するのではなく、経営者が個別に呼んで一人ひとりとじっくり話をすることが大切です。

ここで重要なことは、会社を辞めないよう説得することです。可能であれば、買い手の経営幹部との面談や会食を設定します。実際に買い手と話をすることで、無用な誤解や不安を抑えることができるのです。他の従業員よりも優先して開示するという点がポイントです。

②ステップ2　一般従業員への開示

一般の従業員については、最終契約の直前もしくは直後に開示します。契約当日の朝礼、もしくは契約当日の夕方に全社員を一堂に集めて開示するのが一般的です。

事業所が複数に分散しており、全社員を集めることが難しい場合は、最終契約当日中に新旧経営者が各事業所を訪問して開示をします。事業所が遠隔地で数多くある場合は各事業所の責任者だけでも集めて開示をするなど、契約後速やかに新旧経営者の口からできるだけ多くの従業員に対し、直接説明できるように配慮することが大切です。

◉――従業員の怒り、不安への対処法

このように、従業員への開示は最終契約の直前もしくは直後となります。それまで、きちんと情報管理がなされていた場合は、M＆Aの話は従業員にとって寝耳に水の一大事でしょう。

一堂に集められた従業員は自社が売られる、あるいはすでに売られたことを聞くと、まず新旧経営陣に対する怒りがこみ上げてきます。

「なぜ社長はこれまで俺たちに内緒にしていたんだ！俺たちは売り飛ばされたのか？」

「買収した側も突然乗り込んでいったい何なんだ？」

そして次の瞬間、売り手企業の従業員は次のような不安に襲われます。

「リストラされないだろうか？」

「給料はカットされないだろうか？」

「仕事内容は変わるのだろうか？」

そこで、売り手の経営者は従業員の不安を解消するた

◆従業員へ開示するときの会場設置例

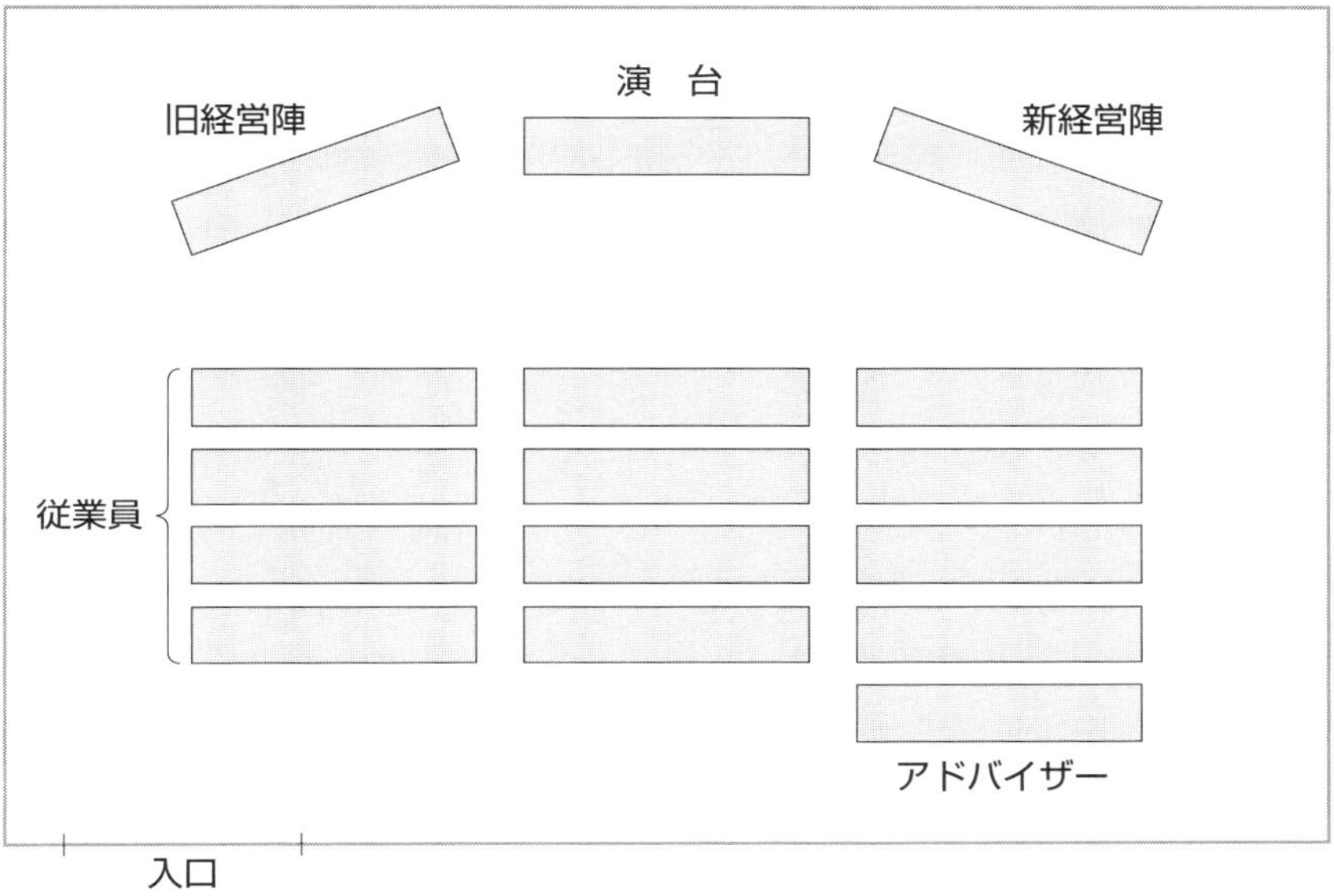

め、次のように宣言しましょう（さらに、買い手の経営者から宣言してもらうことも効果的です）。

「当面、皆さんの仕事内容や処遇は現在のままです。これまでどおり、皆さんには頑張ってもらいたいと思っています」

このとき「1年間は現在のままです」というように、具体的な期間は明示しないように注意しましょう。実際は最終契約書上、そのような期間が明記されることが一般的ですが、従業員にそこまで明らかにする必要はありません。なぜなら、「それなら、1年経ったらリストラされるのか？」と余計な疑心暗鬼を生んでしまうことがあるからです。

このように、開示するときの発言には細心の注意を払わないといけないのです。

ワンポイント・アドバイス

従業員への開示はキーマンと一般従業員とに2段階に分けて行う

4-2 社長の個人保証はどうなるのか？

――最終契約書に保証解除の文言を必ず入れる

◉――最終契約書に保証解除の文言を必ず入れる

安心して引退するためにも、M&Aにより代表取締役をはずれる場合は、同時に個人保証もはずしてもらわなければなりません。代表取締役をはずれて経営を指揮する権限はなくなるのに、借金の保証という責任を負わされたのではたまったものではありません。

そのため、M&Aの最終契約書に「買い手は売り手の個人保証の解除を保証する」という文言を必ず入れさせましょう。

なかには、買い手企業に担保余力がない、債権者の同意が取れるかわからないといった理由で、買い手側が個人保証解除の確約はできないと渋るケースもありますが、売り手としてはここだけは妥協することはできません。

◉――個人保証は経営責任の証だが…

金融機関などに差し入れている担保や連帯保証は、ある意味、経営者にとって経営責任の証です。精神的には相当な重みに違いありません。子息への承継ではなく、M&Aを選択したある経営者は、その理由をこう語っていました。

「息子に社長を継がせても、当面、個人保証ははずせない。経営者としてしっかりやっているかも常に気になるでしょう。まだまだ心労が続くことになる。それでは実質的に引退したことにはならない。だから、M&Aを選択したんです」

M&Aならば、精神的にも完全に引退することができます。しっかりとした買い手が見つかれば、これほど安心できる事業承継はないでしょう。

◆保証債務一覧の例

No.	債権者	被保証取引、債権	連帯保証人
1	○○○銀行	保証書（昭和XX年5月10日署名押印分）	××××
2	○○○銀行	保証極度額変更追約書（昭和XX年8月10日署名押印分）変更後の保証極度額50,000,000円	××××
3	×××銀行	保証極度額変更追約書（昭和XX年8月8日署名押印分）変更後の保証極度額70,000,000円	××××
4	×××銀行	保証約定書（平成XX年6月30日署名押印分）元本極度額50,000,000円	××××
5	×××銀行	当座貸越約定書（平成XX年1月20日署名押印分）極度額50,000,000円	××××
6	△△△銀行	貸越専用口座方式当座勘定借越約定書（平成XX年4月22日署名押印分）極度額50,000,000円	××××
7	××リース	契約番号××××-2507-1000-00（複写機）	××××
8	××リース	契約番号××××-7741-5500-00（デジタルカラー複合機）	××××
9	○○オートリース	平成XX年10月16日契約締結 賃貸借契約書	××××

保証を単にはずしてもらえるのか、あるいは新たな保証を求められるのかは、つまるところ買い手の信用力の問題です。いずれにせよ、買い手に十分な信用力があれば、売り手経営者の個人保証ははずしてもらえるはずです。

万が一、債権者から保証の解除・変更の同意が得られない場合は、その債務をいったん弁済してしまうことを考えなければなりません。たとえば、保証解除を渋る金融機関からの借入金に対しては、買い手の信用力で他の金融機関から借入をして現在の借入金を完済してしまえばよいのです。いわば、買い手に借入を肩代わりしてもらうのです。そのため、買い手企業の信用力は重要です。こうした点からも売り手は、資金調達力のある買い手企業を選ばなければなりません。

⦿——解除対象となる個人保証を明確にする

解除対象となる個人保証がどれかは、最終契約時に明確にしておくことが重要です。通常は最終契約書の添付リストとして「保証債務一覧」を仲介機関と協力して作成します（上表参照）。

◆買い手に借入金を肩代わりしてもらうスキーム

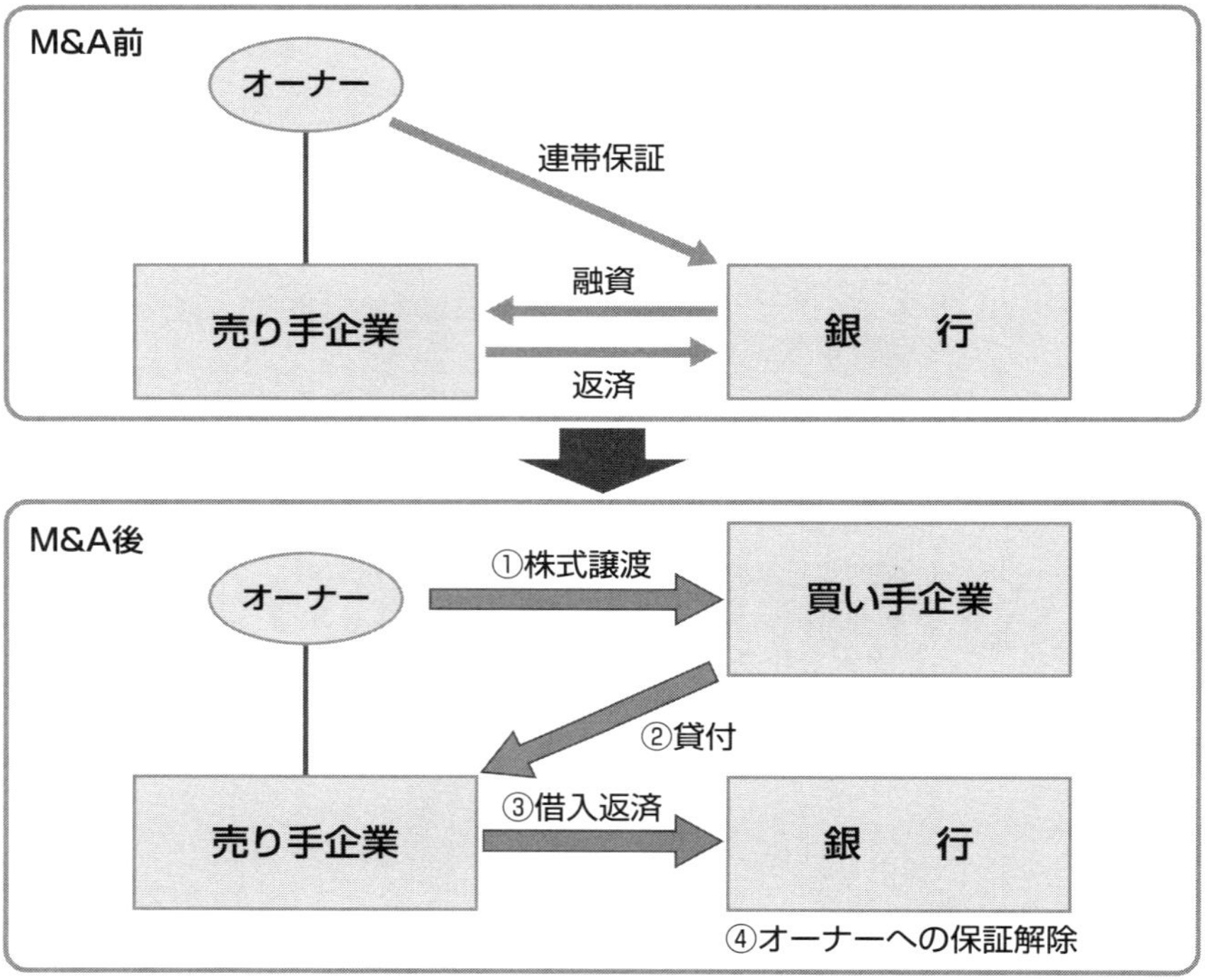

解除対象となる個人保証には次のようなものが挙げられます。

・金融機関からの借入金への連帯保証
・機械設備や自動車などのリース契約の連帯保証
・金融機関やリース会社へ提供している担保
・店舗や事務所などの不動産の賃貸借契約の連帯保証

なお、経営者だけでなく、経営者の親族や退任する役員が連帯保証しているケースや、売り手企業の子会社の債務に対しても個人保証しているケースがあるので、同様に解除対象とすることを忘れないようにしましょう。

ワンポイント・アドバイス

債権者から同意が得られない場合は、買い手に借入を肩代わりしてもらう

4-3 新経営陣への引継ぎで留意すべき点は？

——人間関係や情報など無形のものに重点を置く

◉——新経営陣に何を引き継がせるのか

3章7項で述べたように、売り手の経営者はだいたい半年から1年くらいの引継ぎ期間を経て、完全に引退します。それまでの間に、自分が引退した後も会社が正常に回るように、売り手の経営者は新経営陣に必要なことをすべて引き継いでおく必要があります。

引き継ぎで重要なものとしては、以下のものがあります。

①社長の決裁業務
②個々の役員・従業員の特徴やこれまでの評価
③主要仕入先との関係、これまでの経緯
④主要顧客との関係、これまでの経緯
⑤外注業者との関係、これまでの経緯
⑥金融機関との関係、これまでの経緯
⑦不動産の大家との関係、これまでの経緯
⑧同業者や地域経済界との人脈
⑨生産・加工技術
⑩会社内の業務の流れ（オペレーション・フロー）
⑪業界や市場に関する情報
⑫過去から引き継いでいるトラブル情報

経営者にはルーティンワークはほとんどないので、実務上で引き継がなければならないことは多くないでしょう。むしろ、人間関係や技術、情報といった目に見えない無形のものこそ引き継ぐことが重要なのです。

それだけに、しっかりと計画的に、漏れなく引き継ぎができるよう留意しましょう。

⦿――引継ぎ期間中の心構え

売り手の経営者が引継ぎ期間中に迷うのは、「どこまで口を出したらよいか」ということです。

基本的には、新経営陣を前面に立てて、自らは一歩退くという姿勢が求められます。M&Aで経営者が変わったのに、いつまでも前のオーナーが経営に口出ししてきたら、新しい経営者はやりにくくて仕方ありません。

従業員にしてもそうです。経営者が変わったといいながら、前社長が指示を出したら、いったいどちらに従えばよいのか戸惑うことになります。

経営に口出しをしない――長年オーナー社長として会社を率いてきた身としてはもどかしいことでしょう。でも、そこはぐっと耐えなければなりません。もう会社は他人のものになったのです。ある意味、そうした割り切りも必要なのです。

とはいえ、新しい経営者が必ずしも正しい経営を行うとはかぎりません。とくに注意したいのは、人事関係です。

人事でもっとも難しくかつ重要なのは、人の評価です。人の能力や資質というものは、短期間のうちに見極めることがなかなか難しいものです。

社長の前では理路整然と発言し、行動力があるように見える社員でも、見ていないところでは会社に対して批判的であったり、周囲の同僚から浮いた存在だったりします。社員の能力や資質を十分に見極めないうちに、昇格や降格をすることは大変危険です。とくに、明らかに問題のある社員を昇格させるようなことがあると、組織がおかしくなってしまいます。

それでも、前経営者が人事に口出しすることは望ましいことではありません。人事へ口出しすることに新経営者はとても嫌がるでしょう。ですから、間違った人事が起きないようにするには、あらかじめ新経営者に従業員の資質や能力も含めた引継ぎをしっかりと行っておくことが大切なのです。

ワンポイント・アドバイス

引継ぎ期間中は新経営者を立てて、経営には極力口出ししないようにする

【買い手の視点】

4-4 組織風土の創造とコミュニケーション

買い手企業の組織風土を無理やり移植する必要はない

◉──組織風土の融合は必要か?

当社が2007年に行った調査によれば、買収後に買い手がもっとも苦労した点として、「組織風土の融合」が挙げられています（次ページ表参照）。これは見方によっては、買い手は売り手企業の組織風土を変革して、買い手企業の風土と融合させようとしているとも解釈できます。

買い手が買収後にもっとも意識するのは、シナジー効果の実現です。つまり、売り手企業が買い手企業の傘下に入ることで、1＋1が3以上になるような収益力の強化を実現しようとするのです。そのため買い手は、自社流のやり方や制度を売り手企業に導入しようとします。あるいは、組織や拠点を統廃合して一体化することで、売り手企業の組織風土を買い手の組織風土と融合させようとするのです。

私は個人的に、組織風土の融合など必要ないと考えています。

必要なのは、風土の〝融合〟ではなく〝創造〟です。実際、中小企業のM&Aはその多くが株式譲渡によるものです。そのため、売り手企業自体は子会社として法人格がそのまま残ります。組織が完全に一体化してしまう合併などごく少数です。ですから、無理やり買い手の組織風土を売り手企業に移植する必然性はないのです。

もっとも、買い手企業の組織風土が本当にすばらしく、売り手企業の従業員も買い手企業の風土に染まりたいと強く望んでいる場合は別ですが、そんなことはほとんどないでしょう。多かれ少なかれ、売り手企業の従業員は、自社の風土に愛着を持っているものです。

◆買収後の統合作業

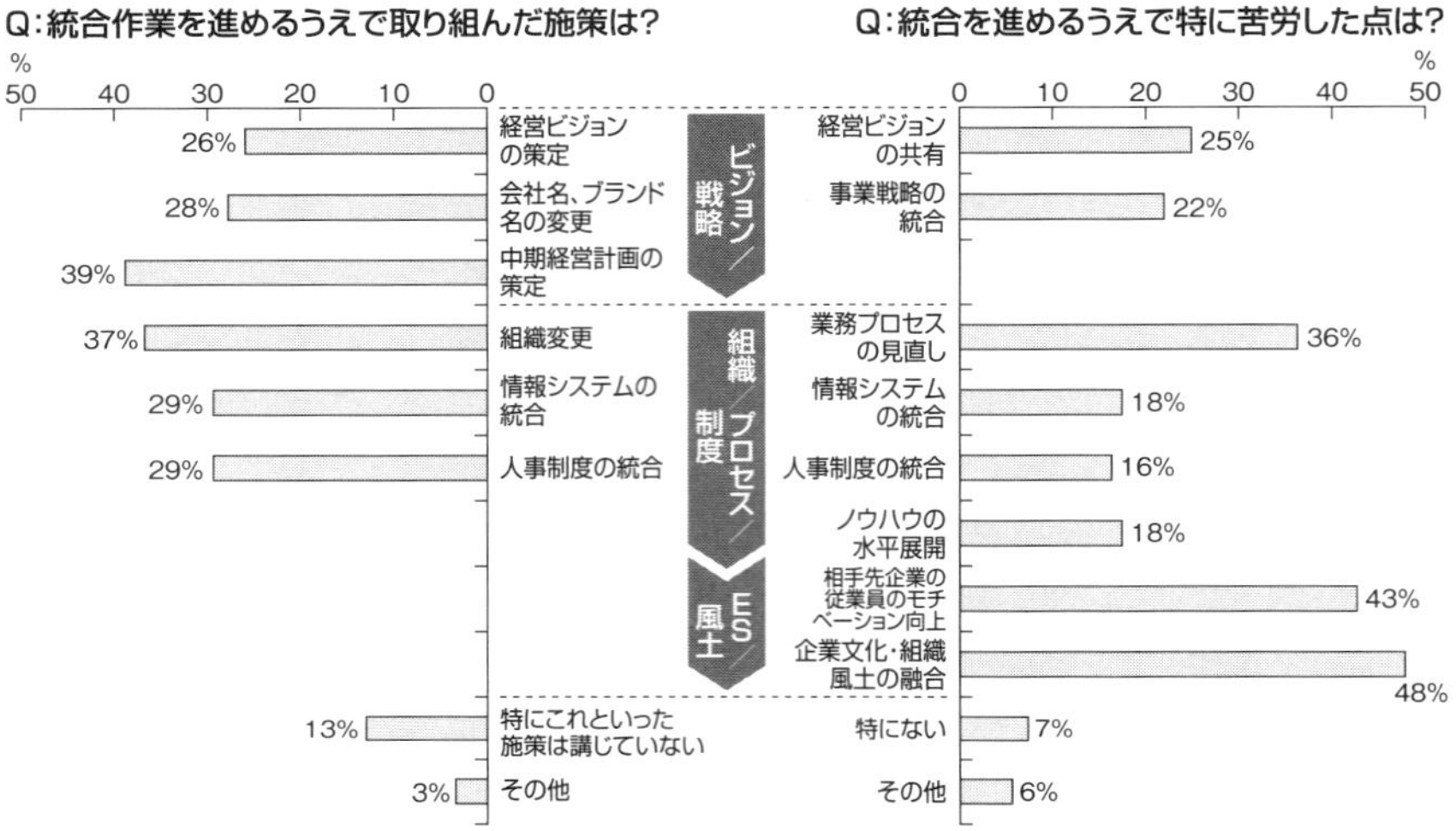

（注）1.左右のグラフとも過去5年間にM&Aを実行した経験ありと回答した企業（n＝177）の集計結果。
2.複数回答のため、合計は100%を超える。
3.「その他」には無回答を含む。
（資料）三菱UFJリサーチ&コンサルティング「中堅・中小企業におけるM&Aの実態調査」（2007年）

重要なことは、買い手色に染めるのではなく、〝売り手の色に買い手の色を混ぜて新たな色を作る〟という発想です。売り手の良い文化を残しつつ、買い手の良いやり方を導入する。そして、売り手企業の組織風土をより進化させて、新たなステージにふさわしい文化を構築していくというイメージです。

売り手としては、自社の良い部分を残してもらえるよう、交渉の段階から買い手に主張することが必要です。

◎――新経営陣の最初の仕事は従業員とのコミュニケーション

買い手企業から派遣された新経営陣が最初に行うべきことは、売り手企業の従業員との徹底したコミュニケーションです。

仕事中のコミュニケーションはもちろん、できるだけ早いうちに懇親会をやることも重要です。昼食を共にする「餌付けーション」やお酒を飲みながらの「飲みニュケーション」は、双方の距離感を縮めるうえでも有効な方法です。

これを徹底して実践しているのは、これまでに20社以上の買収と再建を手がけている日本電産の永守重信社長です。03年10月に買収した三協精機では、04年9月までの12か月間で一般社員および主任クラス計1056人と52回の昼食懇談会をもち、課長以上の管理職とは327人と計25回の夕食懇談会を行ったそうです（『日本電産永守イズムの挑戦』日本経済新聞社編）。しかも、すべて社長のポケットマネーで予算は2000万円だったというから驚きです。

もちろん、ただ漫然と一緒に飲み食いしているのではなく、従業員の細かな不平・不満を聞いてその場で解決してあげながら、経営者として今後の経営のあり方をきちんと示すことで、社員とのベクトルを合わせる場にしているのです。

私がこれまでお手伝いした案件では、買収の1か月後に、他地域にある買い手企業の本社工場へ見学を兼ねた社員旅行を行ったケースがありました。貸し切りバスで、昼間から夜中までたっぷりと「飲みニュケーション」が図れたようです。

このように、従業員の不安を解消し、お互いの理解を深めるために、コミュニケーションを徹底的にとるということが新経営陣の最初の仕事といえます。ですから、売り手のオーナーもそうした新経営陣の姿勢に積極的に協力することが求められます。新経営陣とのコミュニケーションに不安を持つ従業員がいれば、こっそり相談に乗ってあげてください。あるいは、新経営陣に対して斜に構えている従業員がいれば、そうした態度を改めるよう説得することも必要です。

買収後に必要なのは、お互いの疑心暗鬼を解消することです。それにはコミュニケーションしかありません。買い手・売り手ともその点をしっかりと認識して、ぜひともM&Aを成功させて欲しいと願います。

ワンポイント・アドバイス

徹底したコミュニケーションを通じて疑心暗鬼を解消し、売り手企業の新しい風土を創造する

実録コラム③

引退後の生活を充実させるには？

電子部品製造業を経営していたAさんは、62歳で同業者に会社を売りました。私はそのM&Aの売り手側のアドバイザーを務めたのですが、相手探しから成約まで実に2年もの時間がかかりました。M&Aしてから1年半がたったある日、私は久しぶりにAさんと会い、ホテルで食事をしました。

「引退して何が一番変わりましたか?」

私の質問に、Aさんはこう答えました。

「解放感、でしょうか……」

Aさんが解放感と表現したのは、重いストレスがなくなり精神的に解放されて楽になったということでいいます。おかげで、夜もぐっすりと眠れるようになったといいます。社長をやっていた頃は、なかなか寝つけなかったり、寝ていても夜中に目が覚めたりすることがしばしばだったそうです。

「息子に社長を継がせていたら、こうはいかなかったでしょう。結局、心配は解消されず、ついつい経営に口出ししてしまうと思います。息子に継がせて会長になったといっても、実際は引退しているようで引退していない経営者をたくさん見ています」

M&Aで会社を手放すことはとても寂しい反面、そのあとの解放感は格別なのでしょう。この点が、オーナー経営者にとって、親族に承継させる場合とM&Aする場合の最大の違いかもしれません。

Aさんは、今は悠々自適の生活を送っています。最

近は奥さんを日本において、1か月間もニュージーランドでホームステイを体験してきたとのこと。1年のうち3分の1くらいは海外旅行に行っているそうです。海外旅行以外では、月に4～5回の頻度でゴルフ。非常にアクティブです。

「M&Aをして、後悔したことはありませんでしたか?」

アドバイザーを務めた私は、恐る恐る聞いてみました。

すると、Aさんは即答しました。

「まったく後悔したことはないですね。むしろ、もっと早くM&Aをするべきだったと思っています。あと5年早くても良かったかな(笑)」

Aさんは、海外旅行やゴルフの日以外は、社長時代と同じように、朝、家を出て、夕方に帰宅する生活を送っているそうです。ですから、昼間はほとんど自宅にはいないとのこと。

「昼間はいったいどこで何をしているんですか?」

私の質問に、Aさんはニヤニヤして答えました。

「それはね、隠れ家にいるんですよ」

実は、外に事務所を借りて、昼間はそこで本や新聞を読んだり投資の勉強をしたりして過ごしているのだそうです。引退してまもなく、マンションの一室を借りて事務所代わりに使っているとのこと。

「『できるだけ家にいないようにすることが充実した引退生活を送るコツだ』とM＆Aの経験者から聞いていたので、自分も真似をしてみたんです。やってみるとまさにその通り！　引退して家でゴロゴロしていたら、家内とも喧嘩になるだろうし、だらけた生活になってしまうと思う。外に出ることで、生活のリズムを保つことができるんです」

実際、会社を売ると数千万円から億単位のお金がオーナー経営者には入ってきます。Aさんも、そのお金を金利の低い預金口座に置いておいても仕方がないので、引退後に本格的に投資の勉強を始めたそうです。事務所は書斎代わりに使っているのです。

「ただし、事務所の場所は奥さんには内緒にしないとダメ。家内が出入りしたら、結局家にいるのと同じでしょ」

また、市議会議員を務めた経験もある機械製造会社を経営していたBさんは、引退後は介護施設を運営するNPO法人を立ち上げたいという夢を持っていました。

市議会議員時代には、お年寄りの介護にまつわる家庭問題の相談に数多く対応してきたそうです。そうした経験から、今後、日本社会がますます高齢化していく中で、介護関連の仕事を通じて第二の人生を社会貢献のために尽力したいとBさんは思うようになりました。

「精力的に働けるのはせいぜい70代まで。できれば15年くらいは介護の仕事をしたい。そのためにはあと2～3年以内には今の会社を引退したいと思っています」

それから5年が経った現在、Bさんは機械製造会社を売却して得た資金を元手に、2つの介護施設を運営するNPO法人の理事長を務めています。

このようにハッピーリタイアする方は、そのほとんどが、どんな引退生活を送りたいのか、あらかじめイメージを持っています。それが、M＆Aのタイミングを逸しないコツなのかもしれません。

PART 3

会社の業績、関係別のＭ＆Ａ手法

1 業績不振企業をうまく売る方法

――価格よりも事業と雇用の維持を焦点に、できるだけ早く成約する

この章では、業績がよい場合のM&Aと業績がよくない場合のM&A、取引先とのM&Aや異業種とのM&Aといった、一般によく見られるパターンごとにM&Aを進めるうえでの留意点を解説していきます。売り手企業の業績や買い手との関係によって、M&Aの勘どころが異なる点に注意してください。

◎――業績不振企業のM&Aの特徴

現在、多くの売り手企業はこのタイプに当てはまります。業績の良い会社の売り案件というのは非常に少ないのが実情です。業績が芳しくないから後継者が見つからないという一面もあるのでしょう。売り手経営者としてもあれこれ手を尽くしたが、結局業績は回復せず、ついに売却することを決断したという例も少なくありません。

業績不振企業のM&Aにおける特徴は、次のとおりです。

・時間が勝負
・買い手の立場が強い
・営業権がつけられない

・スキームが複雑化しやすい

まず、業績不振企業は時間が経つにつれ業績が悪化していくため、企業価値がどんどん毀損《きそん》していってしまいます。つまり、早く手を打つ必要があります。モタモタ交渉をしている間に、どんどん追い込まれていきます。最悪の事態は倒産です。

逆に、買い手は時間を味方につけることができます。焦って買収する必要がありません。時間が経つにつれ、売り手のほうが焦ってきます。どうしても価格で折り合わない場合は、極端な話、売り手が倒産するのを待つというのも選択肢となります。民事再生や破産などの法的整理に至った時点でスポンサーとして名乗りを上げるのです。そのほうが、債務も整理されるため、安心して買収することができます。

このように、買い手はじっくりと腰を据えて交渉に臨んできます。あえて悪い会社を買収する必要はそもそもありませんから、このタイプのM&Aではどうしても買い手のほうが立場は強くなりがちです。

業績が不振だということは、将来利益が出るかどうかもわからない状況にあるということです。すでに赤字の場合はなおさらです。ですから、まず営業権はつけられないと考えるべきです。つまり、時価純資産額以上では売れないということです。むしろ、時価純資産額で売れればラッキーぐらいに思ったほうがよいでしょう。多くの場合、時価純資産額よりディスカウントせざるをえず、会社の清算価値をにらんだ交渉となります。つまり、潰すよりはマシというギリギリのラインでの売却を模索することになるのです。

◆事業譲渡＋清算の場合

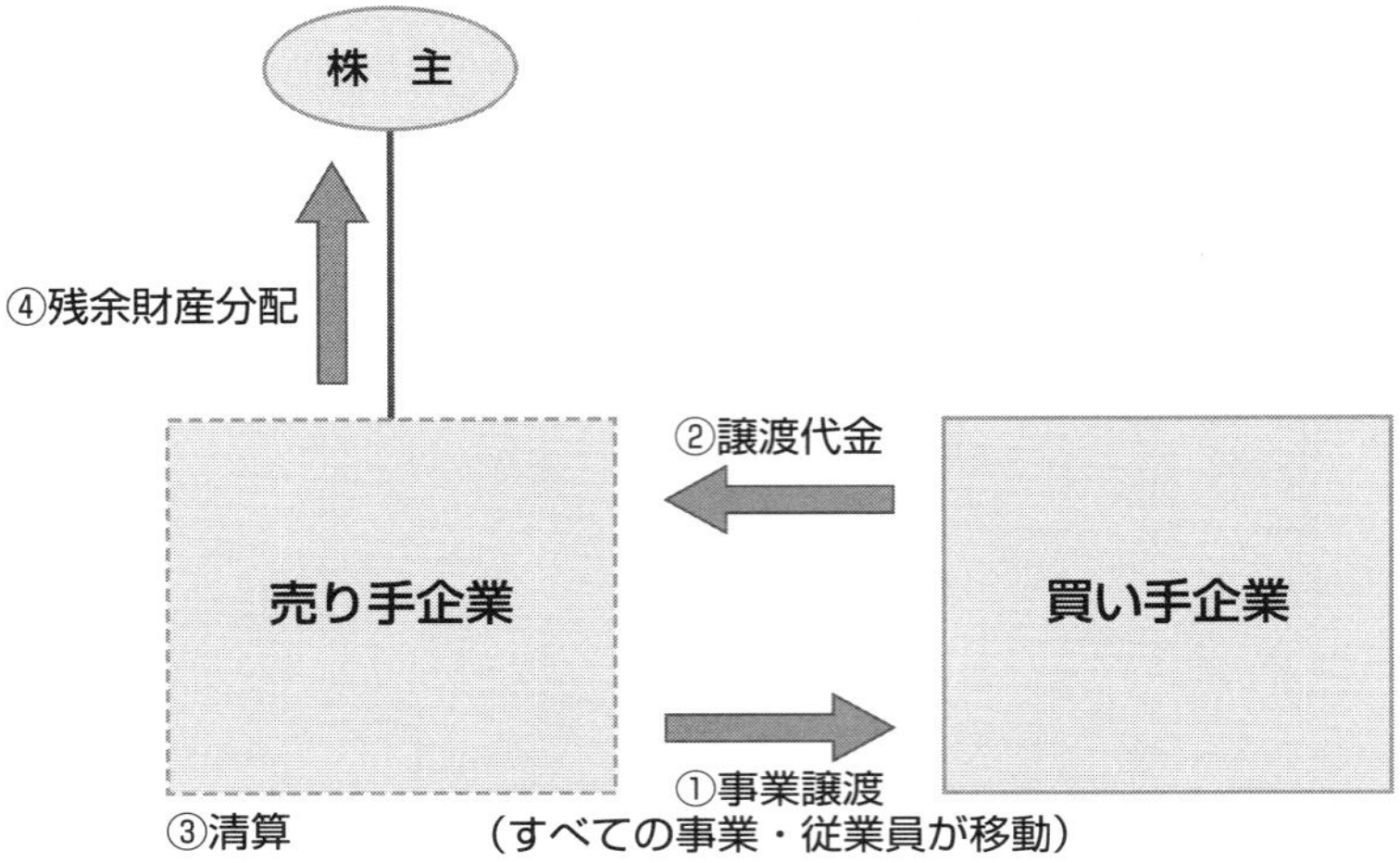

⦿——業績不振企業のM&Aで活用される手法（スキーム）

業績不振企業のM&Aは、スキームが複雑化することが往々にしてあります。なぜなら、実質債務超過に陥っていたり、簿外債務の存在が懸念される場合があるからです。こうした懸念がある場合、買い手は会社ごと引き継ぐことを嫌がります。つまり、買い手は株式譲渡で丸ごと背負い込むのではなく、事業譲渡や会社分割により、良い部分だけ引き継ごうとするのです。そうなると、売り手もその条件を受けざるを得ません。

具体的には、次のようなパターンが考えられます。

①事業譲渡で良い部分だけ売却し、残った会社を清算する

事業譲渡により買い手企業に直接事業を売却します。事業譲渡の最大の特徴は、資産・負債・契約を個別に承継する手続きが必要だということです。

◆会社分割＋株式譲渡の場合

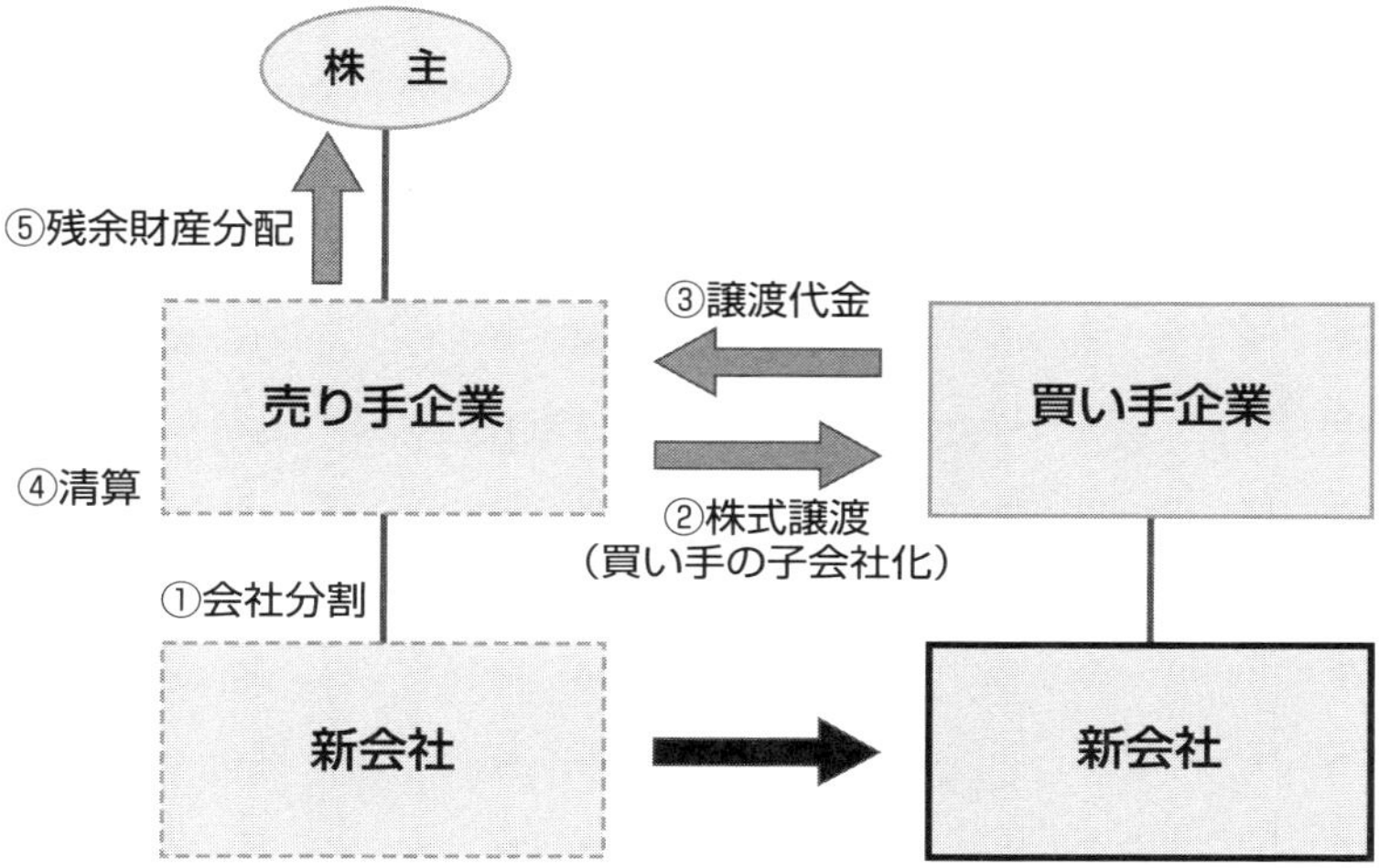

たとえば、資産であれば個別に所有権移転手続きが必要です。負債を引き継ぐ場合は、債権者に対して同意を取りつけることが必要です。また、契約主体が変わるため契約も個別に結び直す必要があります。契約件数が多い場合は、その労力は大変なものです。

このように、事業譲渡は手続き上はかなり面倒だと覚悟したほうがよいでしょう。

②会社分割で良い部分だけ分割して新会社を設立し、その新会社の株式を譲渡する

事業譲渡は手続きに手間がかかるため、会社分割が使われることもよくあります。買い手企業に対象事業を直接、吸収させることもありますが、あえて別会社にしておきたい場合は、新会社として分割し、その株式を買い手が買い取るというスキームをとることが一般的です。別会社化したほうが、人事制度やシステム統合など経営統合作業があまり発生しないため、買い手としては買収後の混乱を避けられるというメリットがあります。

とくに、業種が違ったり賃金水準に大きな差がある場合は、別会社化しておくほうがメリットが大きいでしょう。

また、会社分割であれば、資産・負債・契約は包括的に承継されるため、個別の引継ぎ手続きが不要なうえ、買い手にとって必要な部分だけを買い取ることができます。

一方、売り手としては、残った会社を清算するか、存続させるかを考えなければなりません。あえて残しておく理由がなければ清算し、残余財産分配により売却資金を株主に還元することになります。

◉──売り手の交渉術・留意点

すでに述べたように、業績不振企業のM&Aでは買い手のほうが立場は強いものです。売り手は防戦一方となることを覚悟しなければなりません。ですから、あまり強気な態度は禁物です。強気で押し通そうとしても、相手は乗ってきません。

「その条件では、うちでは買えません。他社を当たってください」と、あっさりと引かれてしまうのがオチです。

ですから、売り手の心得としては、金額に固執せず、早く成約させることに注力するのです。大事なのは、お金よりも時間です。最悪の場合、会社は倒産し、経営者は自己破産です。そうなれば従業員も解雇されます。それを避けるには、とにかく引き受けてもらえる先を探すしかないのです。悲しいことですが、それが業績不振企業をうまく売るための心得です。

時間とともに意識したいのは、雇用の維持です。交渉では、価格よりも事業と雇用の維持に焦点を当てるべきです。できるだけ雇用を維持してもらえそうな相手先を選びましょう。

その意味では、同業者よりも異業種の会社のほうがふさわしいかもしれません。同業者であれば人材は買い手企業の従業員でも代替可能です。ところが異業種の場合は、その事業に精通した人材はいません。そのため、現在の従業員に頑張って欲しいとなるのです。

もっとも、異業種の会社が未知の業界で、しかも業績の芳しくない会社を買うというのはレアなケースです。その確率は高くありません。そこが悩ましいところですが、仲介機関などを使って可能なかぎり広く相手探しをしてみる努力はするべきです。

このように、業績不振の会社の売却は決して生易しいものではありません。交渉もある意味で屈辱的です。しかし、それが現実なのです。

こうした惨めな状況を避ける方法は一つしかありません。

それは、売り時を逃さないことです。つまり、業績が悪くないうちに売却に動くのです。ハッピーリタイアメントするにはそれしかありません。

ワンポイント・アドバイス

雇用の維持を考えるなら同業種ではなく異業種をあたる

2 業績好調企業をうまく売る方法

――安易に譲歩する必要はなく、条件面では強気で押す

◉――業績好調企業のM&Aの特徴

業績好調企業のM&Aの特徴をまとめると、次のようになります。

・圧倒的に売り手の立場が強い
・オークション（入札）となりやすい
・営業権が高く評価される
・役員や従業員の雇用条件は維持される

現状、業績が好調な会社の売り案件というのは、非常に少なく、そのため、こうした会社は引く手あまたです。交渉における立場は圧倒的に売り手側が強くなります。売り手が買い手を選ぶという状況です。そのため、相対取引ではなく、オークション（入札）となるケースが多いのも特徴です。殺到する買い手候補から買収条件を提示させ、もっとも魅力的な条件を提示した会社に優先交渉権を与えて交渉するのです。あまりに多くの会社が応募してきた場合は、一次入札、二次入札というように段階的に絞り込んでいくことも行われます。

買い手による取り合い状態になるので、当然、価格も上ります。時価純資産価額を大幅に超えた営業権がつきます。これはDCF法による評価が適用され、将来の価値が価格に織り込まれる

ためです。

価格以外にも、売り手側の条件はつけやすくなります。たとえば、いきなり全株は譲りたくない、一部の株は残して様子を見て売却したいというような要求も通ります。この場合、買い手は67％以上、あるいは50％超といった支配権の獲得に固執せず、株主総会で拒否権が発動できる34％以上、もしくは持分法適用会社（197ページ参照）となる20％だけでもよいから譲って欲しいと譲歩してくることも珍しくありません。

また、従業員の雇用および賃金水準の維持はもちろん、役員についても現状のままという要求も通りやすいでしょう。

このように、業績が好調な会社のM＆Aでは、圧倒的に売り手が強いのです。

⦿──業績好調企業のM＆Aで活用される手法（スキーム）

①売り手企業の株主から買い手企業に株式譲渡する

業績が好調な企業のM＆Aでは、会社を切り売りするようなことはありません。むしろ、そのまま欲しいというのが買い手の意向です。そのため、売り手企業にとってドラスティックな変化が起きない株式譲渡による売却が一般的です（次ページ上図参照）。

株式譲渡であれば、会社は単に株主が変わるだけです。会社自身には何の変更もありません。人事制度を買い手企業に合わせる必要もありませんし、情報システムも一体化させる必要もありません。もちろん、買い手企業とのシナジーを発揮させるためにはある程度の経営統合作業は必要でしょうが、M＆A後にすぐに着手しないといけないというわけではありません。徐々に時間をかけながらやってもよいのです。そこが株式譲渡を利用するメリットでもあります。

◆株式譲渡の場合

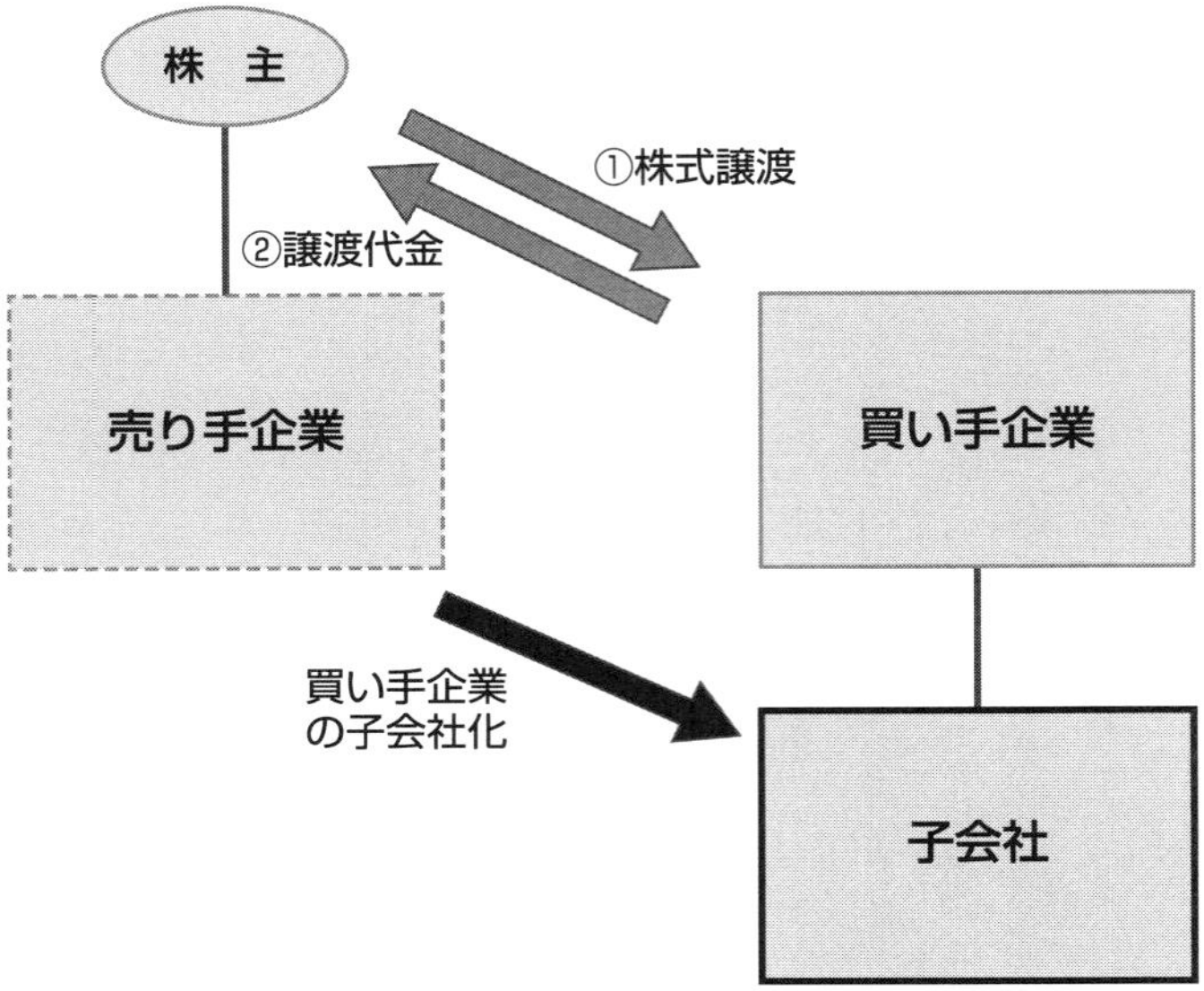

◆第三者割当増資の場合

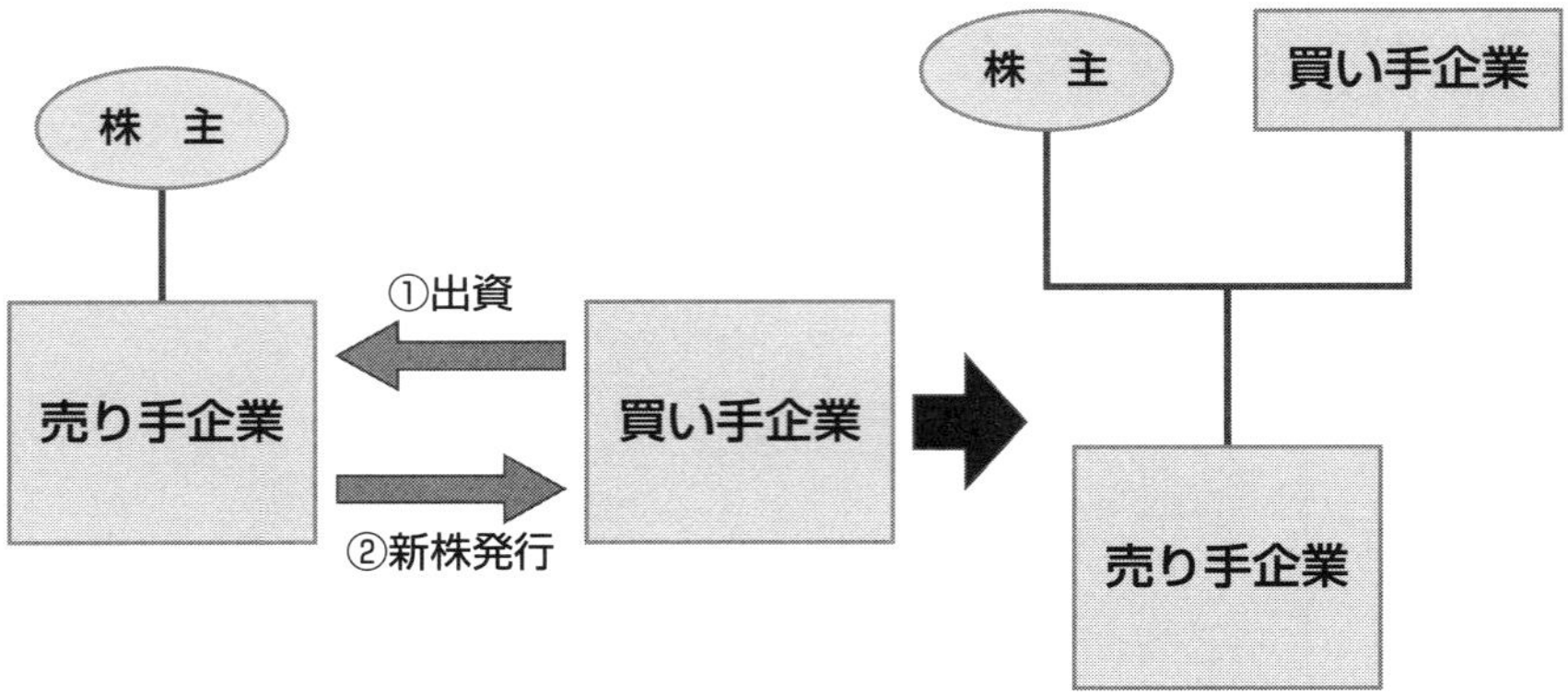

②買い手企業が追加出資する第三者割当増資

売り手が経営権を維持しておきたい、あるいは株式はそのまま保有しておきたいという場合は、第三者割当増資を活用するという手法があります。これは、株式を譲渡するのではなく、新たに買い手企業から出資を受け入れて株式の一部を持ってもらうという方法です（前ページ下図参照）。

出資してもらう割合によって、買い手企業が経営に関与してくる度合も変わってきます。経営権を委譲するのであれば、50％超の出資割合が必要となります。買い手としては、投資する以上、ある程度の見返りは期待するので、最低でも持分法適用会社となる20％の出資割合を主張してきます。

持分法適用会社とは、連結子会社とは違い、親会社の連結決算書に資産・負債などすべてが合算されるのではなく、出資割合に応じて損益のみを反映させる会社のことです。たとえば、出資割合が40％で、持分法適用会社の利益が1億円だったとすると、4000万円だけが連結決算書上の利益に反映されるのです。

売り手にとって第三者割当増資を活用するメリットとしては、既存の株主が必ずしも株式を手放す必要がないということと、買い手企業により出資されたお金が会社に入るので、売り手企業自身がその資金を活用できるという点があります。後者は、とくに製造業などで資金を必要としている場合に有効です。買い手企業が資金力と技術開発力のある会社であれば、買い手のそうした資源を活用して売り手企業の成長を加速させることができるのです。

◉——売り手の交渉術・留意点

業績不振企業のM＆Aとは対照的に、業績好調企業のM＆Aでは売り手のほうが圧倒的に立場は強くなります。そこで交渉に臨むうえでは、安易に譲歩する必要はありません。条件面の提示は強気で結構です。もちろん、ビジネス交渉ですから、礼節を欠いた態度は言語道断ですが、要求する内容で相手に遠慮する必要はありません。

交渉に際して大事なことは、中長期的な視点でもっとも自社の成長に役に立つ相手を見極めることです。大事なのは今の買収提示額ではなく、買収後の将来の成長性です。結果的に、もっとも自社の成長が見込める相手がもっとも高い価格を提示してくることになると思いますが、その金額の考え方をしっかりと確認することが重要です。将来、売り手企業をどのように活用したいと考えているのか、その考え方は正しいのかを冷静に判断すべきです。

また、よりよい条件を得るためにオークション（入札）形式を採用することは有効でしょう。業績好調な会社には多くの買い手希望者が現れます。ただし、希望者が多ければ多いほど、情報が漏洩するリスクが増すことは認識しておかないといけません。業績が好調なだけに、下手に情報が漏れると従業員の反発も大きくなることが予想されます。そのため、情報管理には細心の注意を払って、交渉を進めなければなりません。たくさんの買い手から魅力的な提案がなされると、気分が高揚して思わず人にも話したくなるのが人情です。でも、そこが危ないのです。

何はともあれ、業績が好調なうちにM&Aに動くのは大正解です。ここでの留意点を押さえれば、きっと満足いくM&Aを実現することができるでしょう。

ワンポイント・アドバイス

中長期的な視点から自社の成長に役立つ会社を選ぶ

3 取引先との経営統合型のM&A

――途中で挫折しないためには統合後のビジョンをしっかり固める

⦿――取引先とのM&Aの特徴

最近では、取引先から買収の提案を受ける、あるいは取引先に自社の買収をお願いするということも珍しくなくなってきました。これまでの取引関係があるため、お互いどのような会社かよくわかっているという安心感があります。社長の性格や従業員の能力、資産の状況、取引先との関係など、お互いにわかり合っているだけに、相手からの提案はよくよく考えられた本気の提案だと受け止めるべきです。

取引先とのM&Aの特徴として、次のような点が挙げられます。

・水平統合もしくは垂直統合を目指した同業界内でのM&Aが多い
・M&A後は組織の一体運営を目指すことが多い
・社長同士の信頼関係が厚い
・売り手救済型あるいは後継者不在型のM&Aが多い

水平統合とは、同業者同士の統合を意味します。たとえば、食品卸売会社同士、ドラッグストアチェーン同士など、主に規模のメリットを追求したM&Aです。規模が大きくなることで、仕入原価や製造原価、物流コストの低減など、主にコスト競争力の強化が主眼に置かれるのも特徴です。

垂直統合とは、サプライヤーや外注先、販売先など、事業の川上と川下の会社が一緒になる統合を指します。たとえば、卸売会社が小売会社を買収したり、製造業が外注工程を内製化するために外注先を買収するなどが挙げられます。

このように垂直統合は、同じ業界内で仕事をする会社同士とはいえ、卸売と小売など業種が違うため、規模のメリットというよりも範囲のメリットを追求するものといえます。つまり、関連した事業に進出することでシナジー効果を発揮し、新たな事業展開により、新しい価値を創造していこうとするものです。規模のメリットは大企業が採用する戦略ですが、範囲のメリットは中小企業でも採用できる点に特徴があります。中小企業でもM&Aを活用して新たなビジネスモデルを構築しようというケースは、ほとんどが範囲のメリットを追求したものです。そこに中小企業でもM&Aをする意義があるといえるでしょう。

取引先とのM&Aでは、水平統合や垂直統合を意識し、M&A後に一体的な運営を目指すことが多いのが特徴です。これまでの取引関係だけでは十分なシナジー効果が得られないとして、より踏み込んだ組織運営を目指すのです。

ただし、いくら取引先だからといって、M&Aを提案するのはかなり勇気のいることです。いや、取引先だからこそ難しいともいえます。提案が受け入れられればよいのですが、必ずしもうまくいくとはかぎりません。もし、提案して相手に断られた場合、その後の取引に影響が出ることも懸念されます。それだけに、提案する側としては、それも覚悟のうえで提案することになります。ですから、このケースでは社長同士の信頼関係が厚い場合がほとんどです。

取引先から買収提案を受けるケースでは、売り手側の経営状態が悪いときや後継者不在の場合が多いようです。経営不振や後継者不在のため今後の事業の存続が危ぶまれるので、救済的な意味合いで買収を提案してくるのです。

⦿——取引先とのM&Aで活用される手法（スキーム）

取引先とのM＆Aでは、買収後に一体的な組織運営を目指すことから、基本的には株式譲渡による完全子会社化が一般的です。同業者同士であれば、合併や持株会社化による経営統合という形式もとられます。ここでは、合併や持株会社設立について説明しましょう（次ページ図参照）。

①合併により会社ごと吸収する

取引先が同じ業種である場合は、一気に統合してシナジー効果を実現するために合併を選択することもあります。

合併では、法的には一方が存続会社となり、もう一方が消滅会社となりますが、結果的には両者の株主は合併してできた会社の共同株主となります。株主の立場からすれば、合併によってできた会社が業績を上げられるように経営を監視していくということになります。

合併した場合は、人事制度や情報システムを速やかに統合することが必要です。また、対等の精神で合併する場合は、新たな社名に変更して会社のロゴマークを一新したり、中期的な経営ビジョンを策定したりするなど、経営統合には多大な労力がかかることを覚悟しなければなりません。

②持株会社を作って統合する

いきなり合併するのは抵抗があるという場合は、持株会社を設立して各社がその傘下に入るという形式をとることもあります。とくに最近は非上場企業でも持株会社を設立するケースが増え

◆合併の場合

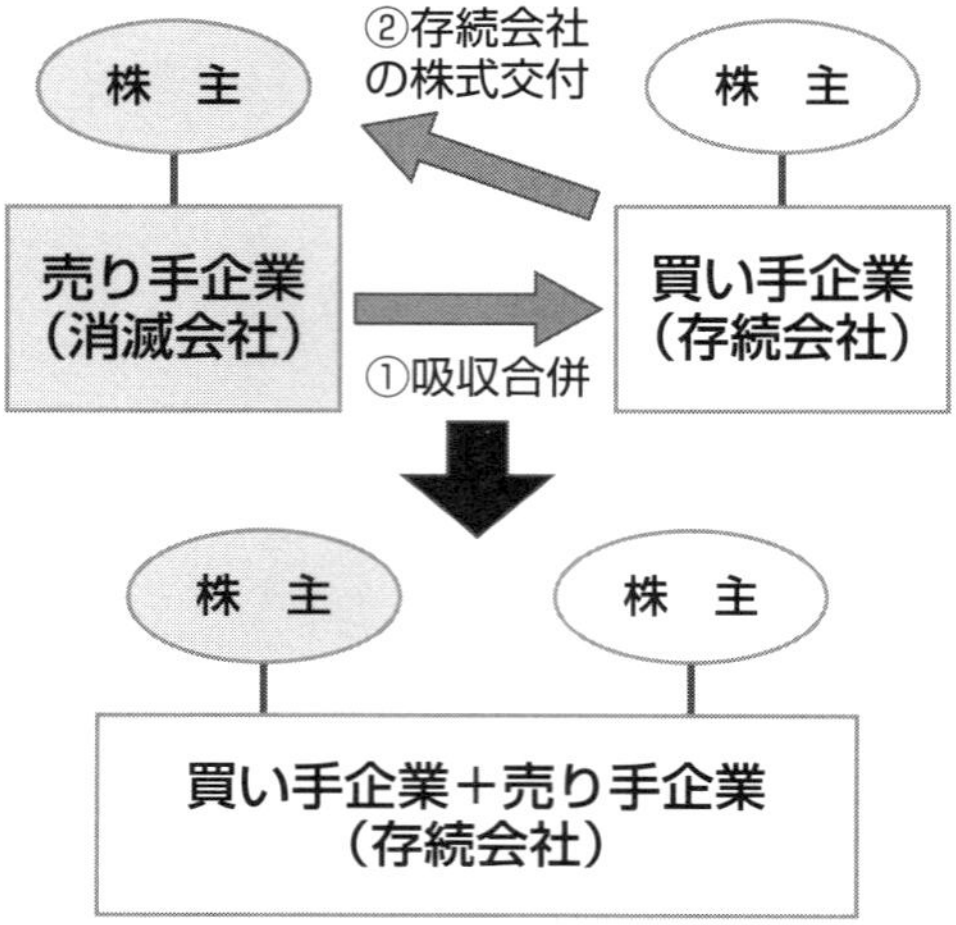

◆持株会社化（共同株式移転）の場合

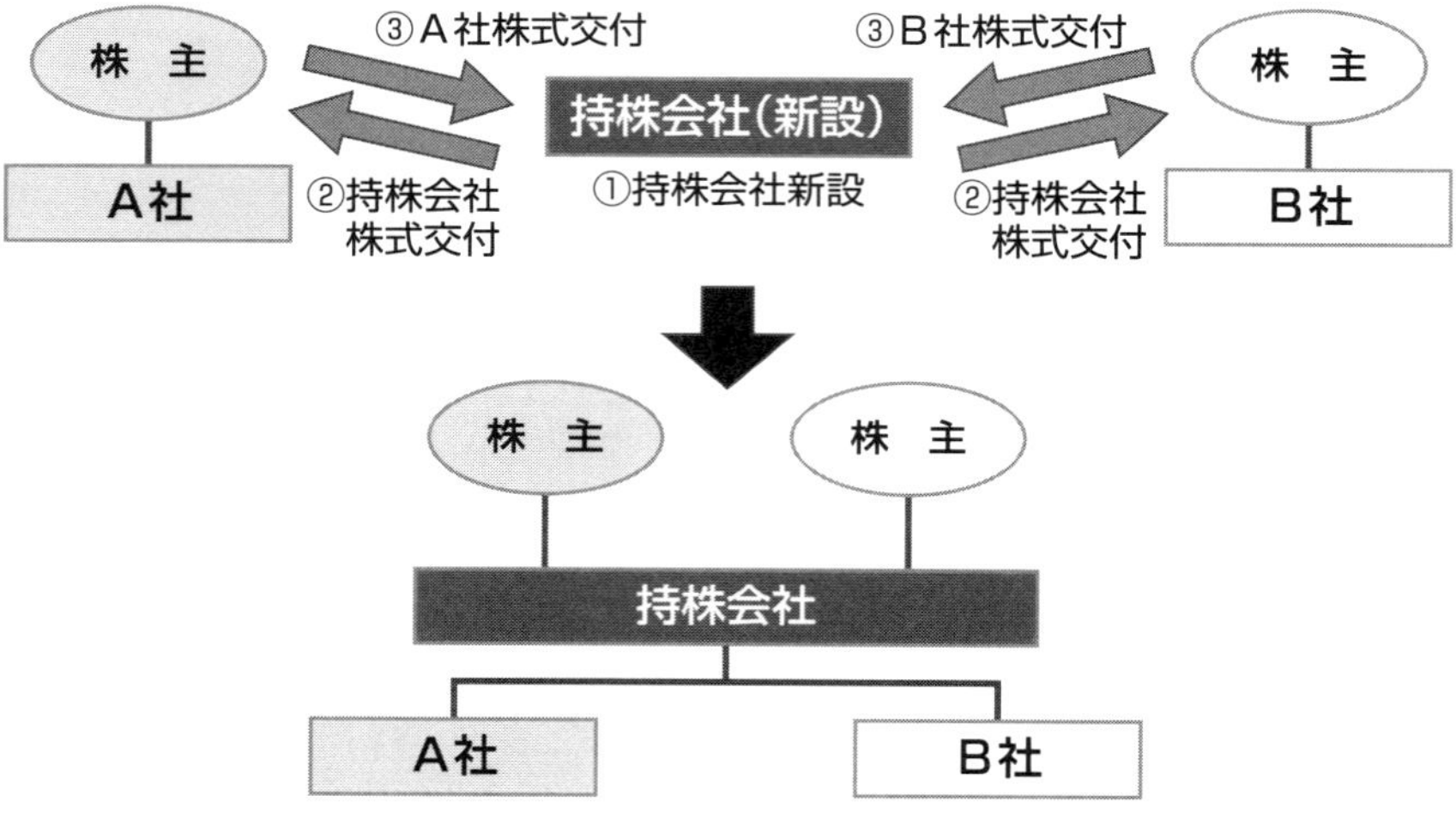

てきました。

手法としては株式移転という方法を活用して、各社の株主が新設される持株会社の株主になります。合併と同様に、株主には新しい会社の株式が交付されます。現金が入るわけではありませんのでご注意ください。

持株会社による経営統合のメリットは、一気に合併するのとは違い、余裕を持って経営統合できるという点にあります。いったんは、持株会社の傘下に入って、お互いの業務やシステム、制度などを徐々に統合していき、2～3年後には持株会社を廃止して完全に合併するというステップを踏むケースも見られます。その意味では、持株会社による経営統合はソフトランディングの手段と考えることもできます。

なお、異業種による経営統合では、無理やり合併することは得策ではありません。業務システムや労働条件などが大きく異なるため、組織を一体化することが難しいのです。この場合は、持株会社制のままで経営統合をしていくことになります。

◉――売り手の交渉術・留意点

取引先とのM&Aでは、提案段階からM&A後の経営をどのように進めていくべきか、当事者同士でイメージを共有していくことが重要です。

私の経験上、対等の立場での経営統合というのは、話し合いが途中で頓挫することが珍しくありません。当初、経営統合という考え方に各社の経営者は賛同し、話し合いが始まります。ただ、実際にどのような形で統合していくか、統合比率をどうしていくかといった突っ込んだ話になると、お互いの利害対立が鮮明になるため、話し合いがこじれるのです。まさに総論賛成・各論反対という状態に陥るのです。

そのときに大事なのが、統合後のビジョンです。

将来の高い理想や現在の危機感を、当事者が強く共有化できているかが重要なのです。そうであれば、多少の利害対立は解消できます。逆にいえば、中長期的な視点のない経営統合は、必ず失敗するといっても過言ではありません。

ですから、もし取引先から買収や経営統合の提案を受けた場合は、まず将来のビジョンをしっかり固める努力をすべきです。これは相手任せではいけません。取引先との運命共同体となるかどうかの決断が求められるのですから、自らも主体的に将来像を考えていく姿勢が重要です。

ワンポイント・アドバイス

相手からの提案はよくよく考えた本気の提案だと受け取め対処する

4 異業種とのM&Aを成功させるには？

――買い手には不慣れな業界だけに売り手は貢献の仕方を自ら考える

◉――異業種とのM&Aの特徴

日本はついに人口減少時代を迎えました。その結果、多くの業界で市場の成長が頭打ちとなっています。もはや市場のパイは限られています。限られたパイを奪い合っていても成長はありません。パイの奪い合いで価格競争になれば、収益性は落ちていく一方です。

そこで最近は、同業者ではなく関連した事業を営む異業種の企業を買収しようという動きが出てきました。いわば関連多角化のためのM&Aです。

異業種とのM&Aには、次のような特徴があります。

・買収後も売り手企業側の経営幹部が残る割合が高い
・買い手に吸収されず、売り手企業の独立性が維持されやすい
・買い手候補となる業界が多岐にわたるため、相手探しが難しい
・期待したシナジー効果が実現できないと、再び売られるリスクがある

買い手が異業種の会社を買収する場合、基本的に売り手企業の事業については精通していません。従来から取引先としてつき合いがあったとしても、実際に経営をしてみると勝手は違うものです。たとえば、卸売会社は小売会社との取引関係は深いでしょうが、小売のノウハウを持って

いるかというと、そうではないケースがほとんどです。

そのため、異業種のＭ＆Ａでは、買い手は売り手企業をコントロールしたくても実際はなかなかできません。そこで、売り手企業の独立性を維持して、これまでの経営陣に引き続き経営を任せることが多くなります。これが異業種とのＭ＆Ａにおける最大の特徴です。

一方で課題もあります。独立性が維持されやすいということは、買い手としてはシナジー効果の発現が難しいことを意味します。買い手のコントロールが十分に及ばないためです。これは、売り手企業にとって必ずしも良いこととはいえません。というのは、買い手から見て当初期待したようなシナジー効果が実現できないとなると、いずれまた転売されてしまう恐れが出てきます。独立性が保たれていた分、皮肉にも切り離しもしやすいのです。

⦿——異業種とのＭ＆Ａで活用される手法（スキーム）

①資本業務提携を経て子会社化する

異業種とのＭ＆Ａでは、売り手企業の独立性を維持するため、株式譲渡による子会社化が一般的です。株式を譲渡する割合は１００％が基本ですが、売り手企業の事業内容を慎重に見極めたいという場合は、資本業務提携という形で50％以下の出資割合にとどめるケースもあります。とくに買い手が上場企業の場合、最近は内部統制規制の強化により、内部統制システムが整っていない会社を連結子会社化するのに慎重になる傾向があります。

そのため、まずはいったん50％以下の出資に抑えて持分法適用会社とし、1年から2年くらいかけて内部統制システムを構築したうえで残りの株式を買い増して子会社化するということが行われます。

最初の資本業務提携においては、既存の株主から買い取る株式譲渡による方法のほか、買い手が新たに出資して新株を引き受ける第三者割当増資という方法もあります。

第三者割当増資の場合は、既存株主はそのままとなります。そのため、いずれ既存株主から株式を買い取って100%子会社化を目指すのであれば、株式譲渡を採用したほうがよいでしょう。一方、既存株主は当面そのままにしておきたい、あるいは短期的に資金需要が別にあるということであれば、第三者割当増資を使うとよいでしょう。株式譲渡の場合は、株式の売買は株主間で行われるため、会社には一切お金は入ってきませんが、第三者割当増資の場合は会社にお金が入ってくるという違いがあります。

いずれにせよ、異業種に買収されることはリスクがあるため、いきなり経営の支配権を渡したくないという場合は、資本業務提携から始めることをお勧めします。

②持株会社を作って統合する

異業種のM&Aでは、組織的に一体となる合併が行われるケースはほとんどありません。経営統合する場合は、持株会社の傘下に入る形の間接的な経営統合とすることが一般的です。

持株会社による経営統合の手法については前項ですでに説明していますので、詳細はそちらをご参照ください。

⦿――売り手の交渉術・留意点

異業種とのM&Aにおける交渉の勘どころは、まず自社の業界に進出したがっている会社を交渉相手とすることです。つまり、新規事業への進出を目的としてM&Aを考えている、しかもその新規事業は既存事業と関連したものを考えている相手を選ぶことが重要です。

結局のところ、買い手が交渉で折れるかどうかは、〝どれだけその会社が欲しいか〟にかかっています。どうしても欲しければ、最後は売り手の要求を呑むのです。とくに、異業種の場合は、買い手が売り手の業界のことをよくわからないだけに、欲しい気持ちが強いときは、売り手の要望は通りやすいのが実態です。

とはいえ、異業種とのM&Aは中長期的にお互いにメリットがあるものでなければなりません。すでに述べたように、完全に経営統合するケースは稀で、事業運営上はお互いの独立性を維持した関係が継続します。そのため、買い手からすると、買収したメリットがあまりなかった場合には、再び売却することを考える可能性があります。自社が何度も売られることは、従業員にとっても決して良いことではありません。売られるたびに自社のアイデンティティは失われていってしまいます。

そのようなことが起きないようにするためには、売り手企業も買い手企業にどんな貢献ができるのかを考えて交渉に臨むことです。自社の、あるいはオーナー個人のメリットばかりを追求した交渉姿勢は望ましくありません。異業種とのM&Aでは、とくにこの点に留意すべきでしょう。

ワンポイント・アドバイス

売り手の要望は通りやすいが買収のメリットがなければ再び売却される存在であることを自覚する

エピローグ

中小企業の
事業承継でも
ファンドが活用できる

1 事業承継ファンドとは何か?

——ファンドが株式を買い取り事業承継の問題を解決してくれる

最近、事業承継ファンドなるものが登場してきました。後継者不在の企業が、事業承継の一つの方策として、その活用を検討するケースも増えています。そこで、本書の最後に事業承継ファンドの活用方法について解説します。

◎——中小企業の事業承継問題の解決を支援する

事業承継ファンドとは、中小企業の事業承継問題の解決を支援することを目的に設立されたファンドのことです。

そもそも事業承継ファンドは、中小企業の事業承継問題の解決を支援することにより、中小企業との関係を強化したいと考える金融機関やコンサルティング会社のほか、「中小企業の発展と地域の振興」を使命とする独立行政法人「中小企業基盤整備機構（中小機構）」などが出資して設立されています。設立時期はいずれも２００６～２００８年と、比較的最近のものです。

ファンドの規模はおよそ20億～60億円でスタートしており、なかには将来的に１００億円規模まで拡大する構想のものもあります。ファンドに出資された資金は、ファンド運営会社により投資活動が行われます。具体的には、投資先の選定、投資、投資後の経営支援から投資回収に至る

◆事業承継ファンドのスキーム

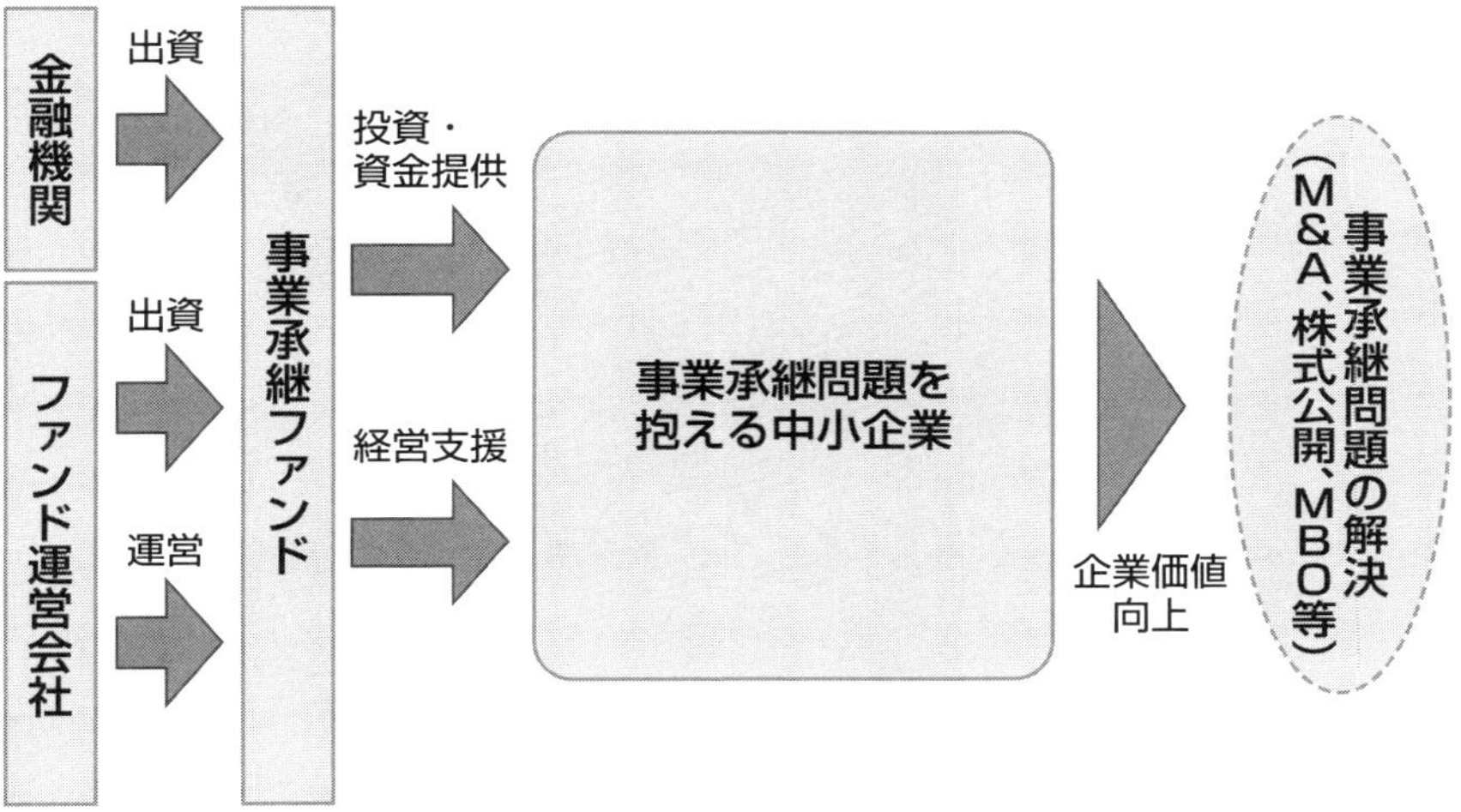

一連のプロセスを行います。

ファンド運営会社は金融機関やコンサルティング会社の出資により作られた会社が多く、投資活動の一環として投資先企業への経営支援を積極的に行っていくことを得意としており、この点は事業承継ファンドの一つの特徴といえるでしょう。

⦿——経営者を派遣するファンドと企業の自主性を重視するファンドがある

投資を受ける中小企業は、ファンドにオーナーの保有株式を買い取ってもらうほか、分散した株主から株式を買い取ってもらうなど、ファンドの資金を活用して株式の承継を進めます。ただし、対象企業の株式取得については、ファンドによって若干考え方が異なります。

たとえば、のちほど事例紹介で取り上げる三菱東京UFJ銀行と中小機構などが出資する「夢承継ファンド」の場合、発行済株式数の過半数を取得し、引退するオーナー経営者の代わりに新たな経営者を派遣するなど積極的に経営に参画することを原則としていますが、三井住友銀行などが出資する「キャピタルソリューション壱号ファンド」では、マイノリティー出資を原則とし、企業から要望がないかぎり経営者の派遣などといった積極的な経営支援は行わず、企業の自主性を重視した事業継続支援を行うとしています（次ページ表参照）。

どちらがよいかは一概にはいえませんが、一般に後継者不在のためにファンドを活用する場合は新たな経営者が必要となるため、ファンドによる経営者派遣に対するニーズは高くなります。一方、後継者が社内にいる場合にはそうしたニーズがないので、事業が順調に運営されているかぎりはファンドによる積極的な経営参画は必要ないでしょう。ファンドから資金提供以外にどのような支援を受けたいのかによって、ファンド選びを行うことがポイントです。

事業承継ファンドは運用期間が10年程度となっていますが、投資を受ける企業からすれば、実際に資金提供を受ける期間は3～5年が目安です。そしてファンドは、取得した株式を第三者へ売却する（M&A）か、株式公開もしくは従業員へ株式を売却する（EBO）などの方法により、投資回収を図ることになります。

投資を受ける中小企業は、ファンドから資金提供を受けている間に経営を革新し、企業価値を高めることで、円滑な事業承継を実現できるようになるというわけです。

ワンポイント・アドバイス

資金の提供以外にどのような支援がほしいかによりファンドを選ぶ

◆主な事業承継ファンド一覧

名称（略称）	出資者	投資対象	ファンド総額	設立時期
ジャパン・フード・ネットワーク1号ファンド	西本貿易、損保ジャパン、明治安田生命保険ほか	日本国内の食品加工または食品加工に関連する中小企業で、事業承継問題を抱える企業のうち安定したキャッシュフローが見込まれ、新事業展開意欲のある企業	50億円	2006年3月
夢承継ファンド	中小機構、三菱東京UFJ銀行、ソリューションデザイン	日本国内の中小企業で、事業承継問題を抱える企業のうち安定したキャッシュフローが見込まれ、新事業展開意欲のある企業	60億円	2007年1月
九州ブリッジファンド	鹿児島銀行、十八銀行、筑邦銀行、西日本シティ銀行、肥後銀行、中小機構	主に九州地区に本店もしくは拠点を持つ企業	48億円	2007年5月
キャピタルソリューション壱号ファンド	三井住友銀行、三重銀行、びわこ銀行ほか	堅固な事業基盤を有し、事業継続によるさらなる成長が見込まれる国内優良企業の事業承継に資する投資	当初21.6億円（最大100億円）	2008年1月
住宅関連産業中小企業事業継続ファンド	中小機構、大和証券SMBC、住友林業	住宅関連産業にあって、優れた技術やノウハウを持っているものの、後継者不在等の事業承継問題を抱え、新たな事業展開が困難となっている中小企業	50億円	2008年2月

（2008年6月末現在）

2 そもそもファンドにはどんな種類があるのか？

――事業承継ファンドは利回りよりも企業価値向上を重視する

◉――ファンドに対する誤解を解く

ファンドというと、企業を食い物にする「ハゲタカファンド」という悪いイメージを持っている人も依然として多いようです。ところが、一口にファンドといっても世の中にはいろいろなタイプが存在しています（次ページ表参照）。

「ハゲタカ」と呼ばれていたのは、90年代後半に金融機関から不良債権を安く買い取り、債権回収や第三者への売却により巨額の利益を上げていた不良債権ファンドのことです。その後、2000年代に入り、カネボウやダイエーなど倒産しかかった会社を買収して再生を支援する再生ファンドや、すかいらーくやポッカコーポレーションなどの非公開化を支援したバイアウトファンドが登場し、実際に出資を受けた企業の多くは再生を果たしつつあります。そのため、今やファンド＝ハゲタカ＝悪という構図は成り立たなくなっています。

もっとも、ここ数年は、インサイダー取引で逮捕された村上世彰氏が代表を務めた「村上ファンド」や敵対的買収を仕掛けてブルドックソースと法廷闘争を繰り広げた「スティールパートナーズ」などの、いわゆるアクティビストファンドの動きが目立ったため、ファンドに対して良い印象を持っていない方が多いのは無理のないことです。

◆ファンドのタイプはいろいろ

ファンドのタイプ	特徴
ヘッジファンド	機関投資家や富裕層など限られた投資家から資金を集め為替や債券、株式に投資する。金融工学を駆使して高利回りを狙う。
バイアウトファンド	企業を買収して、経営改革などにより企業価値を高めて株式売却益を狙う。上場企業の非公開化（ＭＢＯ）でも活躍。事業承継ファンドもこの一種。
再生ファンド	バイアウトファンドのうち、特に経営難の企業を買収して再建し、株式上場や第三者への売却により利益を得る。
ベンチャーキャピタルファンド	創業間もない未上場企業へ投資し、株式を上場させて株式売却益を狙う。
アクティビストファンド	上場企業に投資し、「モノいう株主」として積極的に投資先企業に働きかけ、株式の値上がり益を狙う。
不良債権ファンド	金融機関から不良債権を安く買い取り、債権回収や第三者への売却により利益を得る。「ハゲタカ」と揶揄されることもある。
不動産ファンド	不動産へ投資し、不動産の賃貸収入や売却益から利益を得る。公募型（J-REITが典型）と私募型がある。

◎――事業承継ファンドはハゲタカか？

では、事業承継ファンドはどうでしょうか？

事業承継ファンドは、非公開企業に投資をして利益を得る、いわゆるバイアウトファンドの一種です。ファンドの出資者は中小機構のような公的機関や金融機関ですし、ファンドの運営は金融機関やコンサルティング会社が出資しているファンド運営会社により行われるので、企業を食い物にするような「ハゲタカファンド」ではありません。

ファンドの設立背景が、「事業承継支援を通じて中小企業との関係を強化したい」（メガバンク担当者）ことにあるため、目標とする投資利回り*も通常のバイアウトファンドと比べて高く設定されていないようです。つまり、高い利回りを達成しないと投資家から指弾されるというプレッシャーは、事業承継ファンドにはないのです。むしろ、事業承継ファンドの運営者は、出資者である金融機関や公的機関の名を汚すわけにはいかないというプレッシャーのほうが強いようです。

　事業承継ファンドの設立は金融機関や公的機関からプレスリリースされるほか、各社のホームページでも継続的に紹介されています。外部から見れば、その金融機関がお墨付きを与えているということになるのですから、ファンド運営者自身も無茶な投資・運用をすることは考えにくいでしょう。投資先企業が価値を向上させてハッピーな出口（投資ファンドが投資を引き上げること）を迎えることが、ファンドひいては金融機関の評判にもつながるため、ファンド運営者はそのことを第一に考えて行動するのです。

　ですから、事業承継ファンドの出資を受けることは、決して企業が不幸になることではありません。ファンド運営者は、投資先企業の価値が向上し、次の後継者にバトンタッチできるよう全力を尽くします。

　この点は、もし事業承継ファンドを受け入れることになった場合に、経営者は従業員にきちんと説明をしてあげて欲しいものです。

ワンポイント・アドバイス

事業承継ファンドの運営者は投資先企業の価値向上に全力を尽くす

目標とする投資利回り：投資ファンドは投資家から集めた資金を運用して収益を上げ、それを投資家に還元する。一般に、バイアウトファンドの場合、年率20～30％という高い投資利回りを目標とすることが多い。

3 どんな企業が事業承継ファンドを活用できるのか？

——経営の独立性は保たれるが、利用するためのハードルは高い

◉——事業承継に問題がある企業のほとんどでファンドは役立つ

事業承継ファンドを活用しようと考える企業は、事業承継に関して悩みや問題を抱えている企業です。

事業承継における典型的な悩みは、本書でも何度も触れているように後継者の不在です。そこで、後継者の有無という切り口から、事業承継ファンドの活用を検討するまでの流れは次ページ図のようなものになります。

これによると、事業承継ファンドの活用を検討する必要がないのは、「オーナーの子息に経営者としての適性があり、本人も会社を継ぐ意思のあるケース」くらいで、そのほかは事業承継ファンドを活用する余地があることがわかります。親族以外の後継者が社内にいる場合や、他の事業会社へのM&Aを考えている場合でも、事業承継ファンドを活用して問題を解決することができるのです。

たとえば、親族ではないが優秀な後継者がいる場合、事業承継で問題となるのは株式の承継です。その後継者に株式を買い取ってもらうには、多額の資金が必要となります。

そこで、事業承継ファンドの登場です。

◆事業承継ファンドの検討フロー

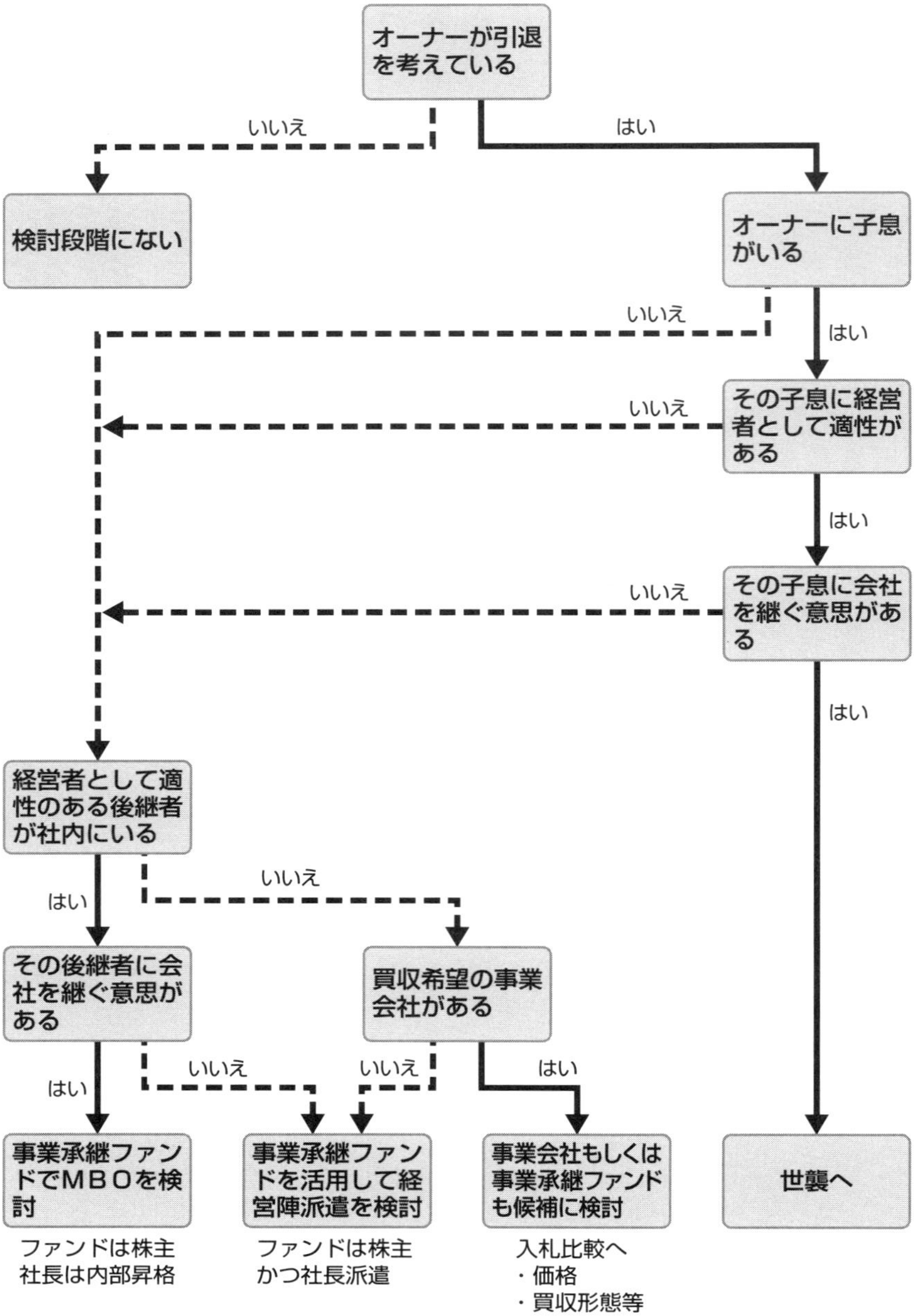

出所：㈱ソリューションデザイン作成資料に筆者加筆

事業承継ファンドがオーナーから株式を買い取って大株主となります。後継者は社長として経営を引き継ぎます。つまり、経営の承継は後継者に、株式の承継はファンドが行うというスキームです。そして将来は、株式公開によりファンドは株式を市場で売却し、経営者は経営の独自性を維持することも可能になるのです。

◉——M&Aの相手先は事業会社か事業承継ファンドか

M&Aを考える場合、事業会社へのM&Aのほか、事業承継ファンドへのM&Aという選択肢も考えられます。実際、事業会社に売るべきか、事業承継ファンドに売るべきか悩む経営者も多いようです。

事業承継ファンドにM&Aする場合の最大のメリットは、経営の独自性を維持しやすいという点です。事業会社にM&Aした場合は、多かれ少なかれ、買い手企業のビジネスモデルの一部に組み込まれます。そのため、買い手企業の色に染められてしまう、あるいは経営方針について買い手企業から干渉を受けることになるなど、経営の独立性は制限されることになります。

一方、事業承継ファンドへM&Aする場合は、ファンドからは経営者の派遣や経営指導などの経営支援は受けますが、ファンド自身は事業を行わないため、経営の独自性は保たれます。また、事業会社の傘下に入ると、売り手企業が株式公開するチャンスはほぼなくなりますが、ファンドの傘下に入った場合は、投資の出口として株式公開するチャンスも残されます。ですから、事業会社の傘下に入って経営の独自性が失われるよりも、ファンドに売ったほうが夢があると考える経営者も少なくありません。

ただし、事業会社にM&Aした場合は、事業会社の資金力と信用力を背景に、経営の安定性と成長性が得られます。これまで単独では限界のあった事業展開も、買い手企業の事業部門と連携することで、スピードのある展開が可能となります。

一方、ファンドの傘下に入った場合は、シナジー効果はほとんど見込めません。それでも、ファンドから新たな取引先の紹介や経営指導などの経営支援は受けられるので、それによる事業革新を図ることはできるかもしれません。

M&Aの相手先として事業会社を選ぶか事業承継ファンドを選ぶかは、それぞれメリット・デメリットを勘案しながら、実際に候補となる相手と会ってから決めることが大切です。

◎——対象となるのは100社のうち1社あるかないか

右で述べたように、事業承継ファンドにM&Aすると、経営の独自性がある程度保たれるため、「経営の自立性を維持したい」「大企業の傘下に入るのはごめんだ!」という経営者は、事業承継ファンドを選びたいと思うかもしれません。しかし、どんな会社でも簡単にファンドから出資が受けられるかというと、残念ながらそうではありません。

まったくその逆です。

ファンドから投資先として選ばれるのは、中小企業でも超優良企業に限られるのです。

ファンドの投資対象は、この章の第1項目の表中にもあるように次のようになっています。

「日本国内の中小企業で、事業承継問題を抱える企業のうち安定したキャッシュフローが見込まれ、新事業展開意欲のある企業」(夢承継ファンド)

「堅固な事業基盤を有し、事業継続によるさらなる成長が見込まれる国内優良企業の事業承継に資する投資」(キャピタルソリューション壱号ファンド)

実際、ある投資ファンドでは、持ち込まれる案件100社のうち、実際に投資対象となる案件は1件あるかないかということですから、確率でいえば1%未満ということになります。

事業承継ファンドは、ベンチャーファンドや再生ファンドとは設立趣旨が異なるため、創業間もないベンチャー企業や債務超過で再生局面にあるような企業は投資対象となりません。基本的に事業承継に問題を抱えている企業が対象ですから、創業20~30年以上で、しっかりした事業基盤を有している会社が対象となります。

投資先の企業の規模としては、ファンドの規模が数十億円とさほど大きくないことから、1件当たり数億円程度です。株式の買取金額が数億円ということですから、単純に考えると、時価純資産評価でそのくらいの評価額がある企業です。売上高では数十億から200億円くらいといったイメージでしょうか。ですから、従業員数名、年商数千万円の零細企業は対象にはなりません。

このように、事業承継ファンドから投資先として選ばれるには、かなりハードルが高いことがおわかりいただけると思います。このハードルの高さからすると、事業会社へのM&Aのほうが現実的かもしれません。

もし、事業承継ファンドの投資先に選ばれた場合は、相当な優良企業である、少なくともそうなる可能性のある会社だと評価を受けたと自信を持ってよいでしょう。

◉──事業承継ファンドを活用するには?

ハードルが高いのを承知のうえで、それでも事業承継ファンドに興味があるので具体的な話が聞きたいという場合は、事業承継ファンドに直接よりも、まずは金融機関に相談してみることをお勧めします。事業承継ファンドへの申込みは、必ずしもファンドに出資している金融機関である必要はないのですが、ファンドに直接依頼するよりも、ファンドに出資している金融機関のほうが前向きに対応してくれるからです。

ファンドに関する相談はもちろん無料です。遠慮などいりません。聞きたいことがあれば、どんどん聞きましょう。

また、事業承継ファンドに出資している独立行政法人の中小企業基盤整備機構（中小機構）に相談するというのも手です。中小機構は「がんばれ！中小企業ファンド」という事業継続ファンドの出資事業の一環として、複数の事業承継ファンドに出資しています。中小機構には中小企業・ベンチャー総合支援センターという機能があり、関係するファンドに対する応募に際して、ファンドへのプレゼンテーションや事業計画策定のサポートまでしてくれます。詳しくは、中小機構のホームページ（http://www.smrj.go.jp/）または、全国各地にある中小機構の各支部にお問い合わせください。

ワンポイント・アドバイス

事業承継ファンドに選ばれる会社は、中小企業でも選りすぐりの優良企業

4 ファンドを活用した事業承継の例

──ファンドの先にあるものは、事業会社へのM&Aか株式公開

ここからはもう少し具体的に事業承継ファンドについてご理解いただくため、事例として「夢承継ファンド」のケースを使って、ファンドを活用した事業承継の実際について見ていきましょう。

◉──「夢承継ファンド」のスキーム

「夢承継ファンド」は、後継者の不在などにより新たな事業展開が困難となっている中小企業の事業を継承し、その経営の革新を図ることで事業継続をスムーズに行うことを目的とする投資ファンドです。

ファンドの設立は２００７年1月で、運用期間は10年間ですが、新規投資期間は当初５年間（２０１２年）までとなっています。

ファンド総額は60億円、うち30億円を公的機関である中小企業基盤整備機構（中小機構）が、残り30億円を三菱東京ＵＦＪ銀行とファンド運営会社である株式会社ソリューションデザインが出資しています。

「夢承継ファンド」は、原則として投資先企業の株式の過半数を取得して、積極的に経営支援

◆「夢承継ファンド」のスキーム

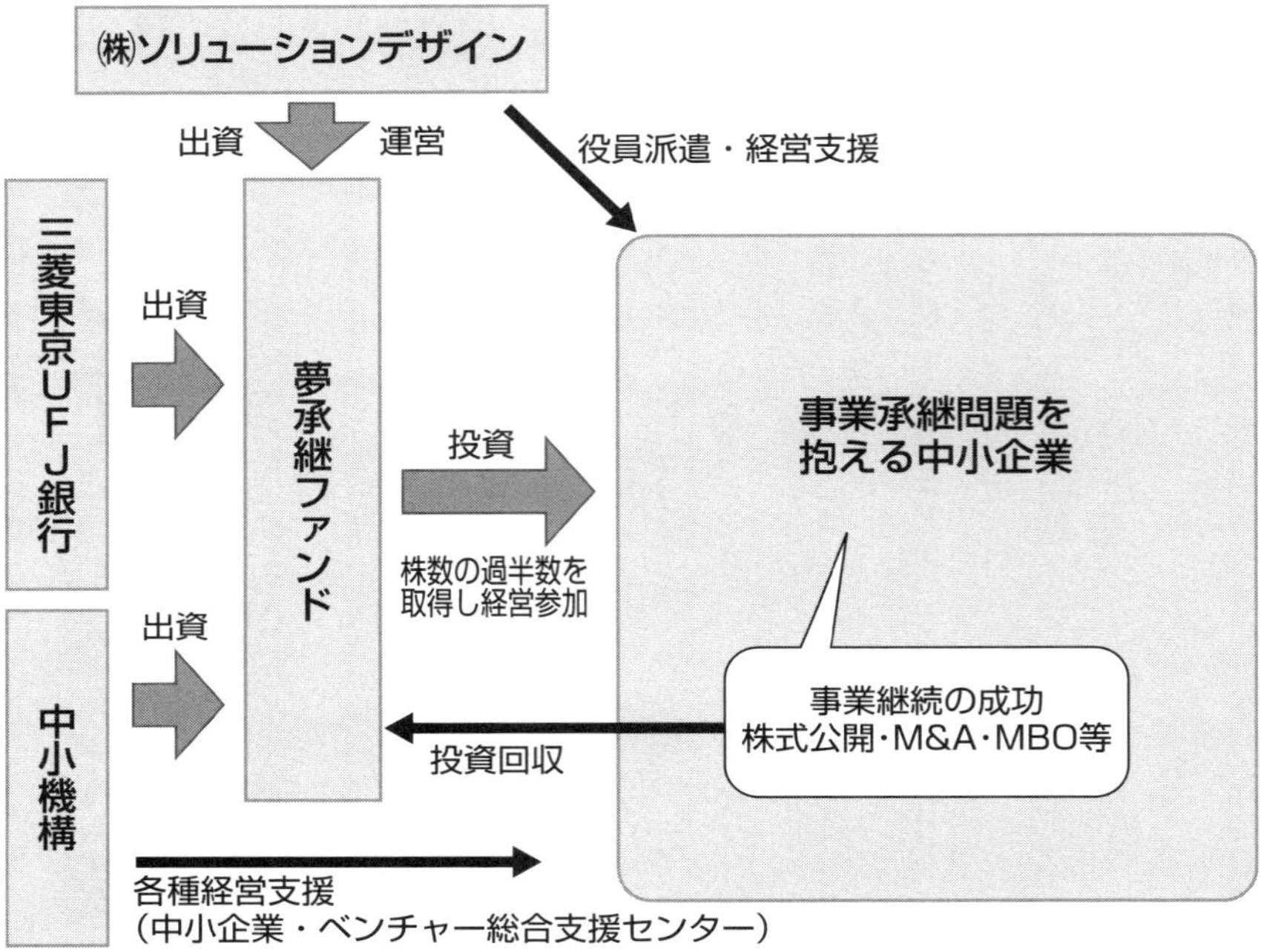

していくことを特徴としています。実際、「投資先企業へはファンドから経営者や役員らを派遣する一方で、ファンドの担当者も週に3～4日は顔を出している」（ソリューションデザインのシニアマネージングディレクター熊谷賢一氏）くらい徹底したハンズオン型の経営支援*を実行しています。

⦿――ファンド運営会社の実態

一般的にファンドを運営する会社は、外資系に加え、国内では金融機関グループ系や独立系などがありますが、「夢承継ファンド」を運営するソリューションデザインは、三菱東京UFJ銀行のほか、三菱UFJリサーチ&コンサルティングや

ハングオン型経営支援：経営コンサルタントや投資ファンドの担当者が、企業に常駐（もしくは半常駐）するなどして企業に入り込む形で、企業のスタッフと協力しながら経営課題の解決など様々な経営上のサポートをすること。

独立系コンサルティング会社、人材派遣会社、システム開発会社など十数社が株主に名を連ねる独特の経営スタイルをとっています。

「ソリューションデザインという社名には、中小企業の持つ悩みや課題の多様性を理解し、その一つひとつに対するソリューションを、当社がデザインし提供していこうという思いが込められています。もちろん、リストラや転売が目的の投資スタイルではありません」（熊谷氏）。

同社は事業承継ファンドのほか、地元の企業や金融機関および中小機構と共同して愛知県や大阪府などの中小企業を対象とした企業再生ファンドも立ち上げており、08年3月末までの4年間で16件もの投資実績を持ち、うち7件がすでに再建を果たして回収済みです。単に不良債権の買取りだけではなく、株式出資をして経営権を取得するハンズオン型のファンドとしては、日本でも有数の実績です。

このように、実態は中小企業を投資対象とした純和風のファンド運営会社なのですが、投資先企業の従業員からは最初は「ハゲタカ」と同じように身構えて見られることも珍しくないそうです。

「ファンドに対する誤解があるのは事実。ですから最初はとにかく何度も何度も『夢ファンド』の特性を説明します。最初はそのことに一番神経を使います」（同社担当者）。

こうしたコミュニケーションを通じて会社の将来ビジョンを共有化し、一緒に問題を解決していくそうです。事業承継ファンドの現場では、中小企業の問題解決に使命感を燃やす人たちが日々汗を流しているのです。

◉——投資企業の選定の実際

ソリューションデザインには年間１００件以上の投資案件の相談が持ち込まれます。案件を持ち込むのは三菱東京ＵＦＪ銀行のほか、コンサルティング会社や税理士・公認会計士または他の金融機関やＭ＆Ａアドバイザーなどですが、銀行取引の有無や紹介経路によって何らの制約や投資判断への影響はなく、窓口は広く開放されています。

持ち込まれる案件の業種に偏りはなく、あらゆる業種が投資の検討対象となります。とはいえ、実際に投資が行われる件数は、百数十社もの持ち込み案件の中から1～2件しかありません。もちろん事業力や成長性などでファンドの投資目線に合わないという理由もありますが、多くはオーナー経営者が自分の会社を外部に売却するという意思決定に時間がかかったり、また、たとえ売却を決断したとしても、ファンドに対する警戒心は引続き根強いものがあるという理由からです。

「夢承継ファンド」の目標投資件数は5～10件。ファンド総額が60億円ですから、1件あたりの投資額は5～10億円が目安です。投資は株式の取得という形で行われますが、投資先の株式100％をファンドが5億円で買取る場合、その会社の株式の時価総額は5億円ということになります。また買収資金に借入金を使うレバレッジドバイアウト*の手法では、たとえばファンドが投資した10億円と投資先企業の資産などを担保として調達した借入金10億円とで買収すると、時価総額が20億円の会社を買収できることになります。さらに協調投資で複数のファンドを集めるスキームでは、理屈上、この数倍の時価総額の会社を買収することが可能となるので、投資対象となる会社の時価総額は幅広く、5億～50億円くらいをターゲットとしています。この時価総額は、その会社の将来キャッシュフローから算出した営業権も勘案しているので、貸借対照表上の

レバレッジドバイアウト：
被買収企業の資産あるいは将来キャッシュフローを担保として買収資金を調達する企業買収の手法の1つ。ＬＢＯとも呼ばれる。調達した買収資金は最終的に被買収企業自身の負債となる。買収者は少ない元手で大きな買収を行うことが可能なため高い投資利回りを実現できる。

純資産の部の簿価が数億円の会社も投資検討の対象となっています。

後継者不在の会社の場合、オーナーはファンドに株式を売ったあとに引退するケースがほとんどです。この点は通常のM＆Aと同様です。いわばファンドや事業会社が後継者となるわけですから、オーナーは株を売ったら引退してしまうわけです。

その場合、当然のことながら、新たな経営者が必要となります。「夢承継ファンド」では積極的に投資先企業の経営に関与していきます。そこで、ファンド運営会社は、後継者が社内にいない場合には、外部から新たな経営者を探してきて、投資先企業へと派遣します。

では、その経営者はどうやって探してくるのでしょうか？

◉――新しい経営者はどこから連れてくるのか？

基本的にファンド運営会社は、独自のネットワークからの紹介やヘッドハンティング会社を使って新たな経営者を探してきます。実はヘッドハンティング会社には、経営者になりたいと希望する人たちが続々と応募してきています。ファンド運営会社は、そうした経営者候補と面談して、投資先企業の経営者としてふさわしいかどうかを判断していきます。ただし、投資先企業の経営者としてファンドや投資先企業が求める経歴・年齢・経営スタイル・報酬水準などの要件や人物像がピッタリ一致する候補者が、タイミングよく登場するケースはあまり多くないそうです。

「その投資先企業の経営者にピッタリ合っているとファンドや投資先かつ候補者の方がお互いに納得できるまで、多いときには30人くらい面接する場合もあります」（熊谷氏）。

ファンド運営会社が経営者候補を選ぶうえで重視するのは、「投資先企業に融合できる性格の持ち主かどうか」です。必ずしも高学歴であったり、経営者として実績のある成功者である必要はありません。

経営者として派遣されるといっても、最初はお客さん扱いにされがちです。とくに数十年のオーナー経営で培われた中小企業の場合、外部から入って会社に馴染み、あるいはカルチャーを変えながらプロパー社員とうまくやっていくことは容易なことではありません。それには〝大きな人間的魅力〟が求められます。ファンドはそうした観点から派遣する経営者を選択しているのです。

◉――事業承継ファンドの先にあるもの

「夢承継ファンド」は投資において株式を過半数獲得して経営に積極的に参画していきますが、そのままずっと株式を持ち続けるわけではありません。ファンドですから、いずれは株式を売却します。そこが事業会社へのM&Aとは大きく異なるところです。

株式を保有している期間の目安は3〜5年、早ければ1〜2年で他社に売却することもあります。

「だったら、最初から事業会社に売ればいいじゃないか！」

そう考える方も多いでしょう。たしかに、こうした観点から事業会社へのM&Aを決断する経営者もいます。

その一方で、なぜ事業承継ファンドを受け入れる会社があるのでしょうか？

短期間であってもファンドが株式を保有することの企業側の意義について、ファンド運営会社の担当者はこう言います。

「中小企業の多くはオーナー企業です。良くも悪くもオーナー個人の力量に頼っている会社が多いのが実態です。いわばオーナーの個人商店的な会社が多いのです。一方、M&Aをする事業会社（買い手）はそれなりの規模の会社が多く、そうした企業は組織がしっかりしています。つまり、組織的な運営が行われている会社です」

そうした会社に、オーナーの個人商店的な会社が買収されるとどうなるでしょうか。

少なからず、従業員はギャップに悩むことになります。買い手企業のやり方になじむまでにどうしても時間がかかってしまう。なかにはついていけないといって辞めてしまったり、合理化でリストラされてしまう従業員まで出てきてしまうこともあります。

ファンドが入ることの意義は、〝オーナーの個人商店から組織経営への進化〟をサポートしつつ、経営ビジョンを明確化し財務の透明性を高めるながら、内在する事業力や成長性を引出し、企業としての価値を高めることにあるのです。

「私たちが入ると、まずは個人商店的な運営から、組織的な経営に移行するための手立てを次々にとっていきます。新たな経営者を派遣するだけでなく、予算策定も主導します。そして、ファンドの人間も非常勤役員となり、経営会議などに参加して実績管理もきっちりと行っていきます。そうしたハンズオンでの経営支援を継続していく中で、組織経営へと進化していくわけです。その結果、ファンドから他の事業会社に経営権が移っても、単純な合理化でバラバラにされることなく、スムーズな経営統合が出来るようになるのです。いわばファンドは、企業価値の向上と事業のスムーズな承継をサポートしているのです」（熊谷氏）

期限のあるファンドの先には、基本的に事業会社へのM&Aか、株式公開の二つしかありません（最近は再度、他のファンドに売却するケースもあるようですが）。いずれにせよ、オーナーの個人商店から脱却して組織経営への進化が求められることになります。その準備としてファンドを活用するということも意義のあることかもしれません。

ワンポイント・アドバイス

いずれ売却されるとしても、個人商店から組織経営のステップアップの手段としてファンドを活用するという考え方もある

■木俣　貴光（きまた　たかみつ）
三菱UFJリサーチ＆コンサルティング株式会社　チーフコンサルタント
千葉県出身。早稲田大学政治経済学部卒業後、出光興産に入社。販売店の経営指導や本社経理部にて管理会計などを担当。その後、プライスウォーターハウスクーパースコンサルタント（現IBMビジネスコンサルティングサービス）にて大手企業のグループ組織再編や経営統合に関するコンサルティングに従事。2003年7月より現職。専門は、M&A、グループ組織再編、経営戦略、コーポレートファイナンス。中小企業診断士。米国公認会計士試験合格。名古屋市立大学大学院経済学研究科修了（経済学修士）。
主な著書に『M&Aそこが知りたい！』（アーク出版）、『図解　経営キーワード』（日本実業出版社、共著）、『戦略的M&Aと経営統合マネジメント』（社団法人企業研究会、分担執筆）などがある。雑誌などへの寄稿、講演多数。
[連絡先]
三菱UFJリサーチ＆コンサルティング株式会社
コンサルティング事業本部　経営戦略部
E-mail　tkimata@murc.jp

■三菱UFJリサーチ＆コンサルティング株式会社
2006年1月、UFJ総合研究所、ダイヤモンドビジネスコンサルティング、東京リサーチインターナショナルの3社の合併により誕生した総合シンクタンク。コンサルティング事業本部は、三菱UFJフィナンシャルグループのコンサルティングファームとして、大企業から中堅･中小企業に至る幅広いお客様に対し、経営戦略･人事戦略･マネジメントシステムを中心とした総合的なコンサルティングサービスを提供している。

幸せな事業承継はM&Aで

2008年 8 月 1 日　初版発行

■著　者　木俣 貴光
■発行者　檜森 雅美
■発行所　株式会社アーク出版
〒162-0843　東京都新宿区市谷田町2-7　東ビル
TEL.03-5261-4081　FAX.03-5206-1273
ホームページ　http://www.ark-gr.co.jp/shuppan
■印刷・製本所　新灯印刷株式会社

ISBN978-4-86059-066-6